Peter Konopka

Richtig
Rennradfahren

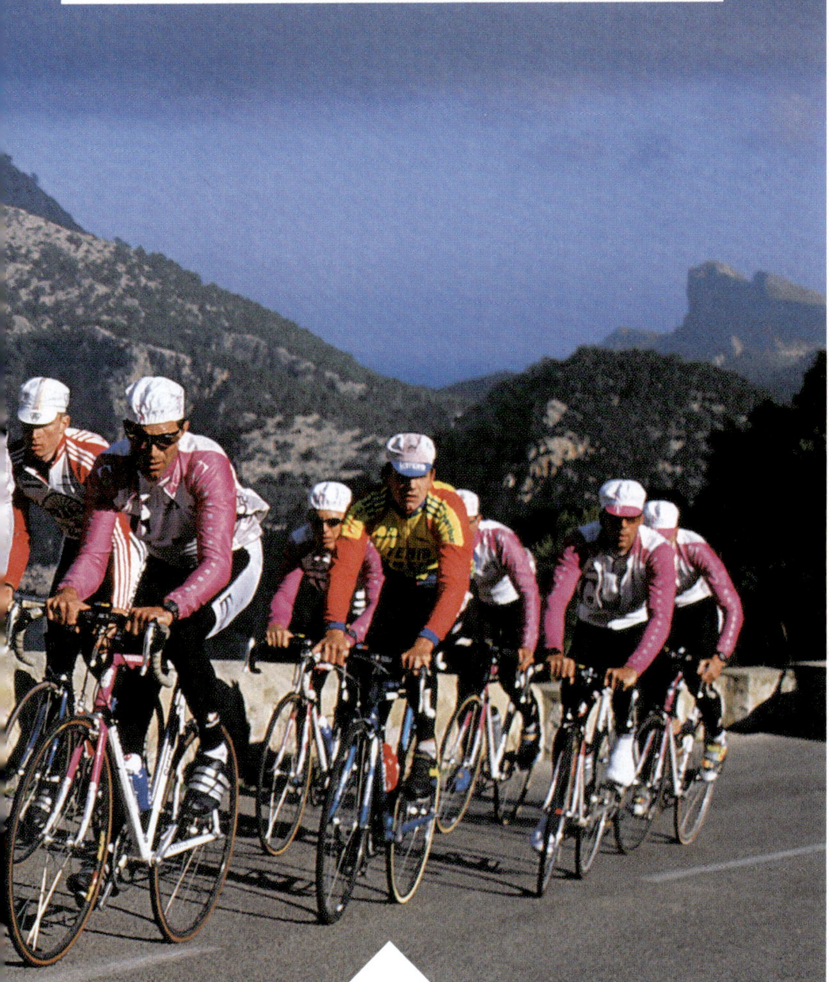

BLV
SPORTPRAXIS
TOP

Die Deutsche Bibliothek –
CIP-Einheitsaufnahme

Konopka, Peter:
Richtig rennradfahren / Peter Konopka. –
4., überarb. Aufl., Neuausg. – München ;
Wien ; Zürich : BLV, 1998
   (BLV Sportpraxis : Top)
   ISBN 3-405-15443-X

BLV Verlagsgesellschaft mbH
München Wien Zürich
80797 München

BLV Sportpraxis Top

Vierte, überarbeitete Auflage
Neuausgabe

© BLV Verlagsgesellschaft mbH,
München 1998

Herstellung und DTP: Rosemarie Schmid
Druck: Appl, Wemding
Bindung: Conzella, Urban Meister,
München

Gedruckt auf chlorfrei gebleichtem Papier

Printed in Germany · ISBN 3-405–15443-X

Bildnachweis
E. Kahlich: S. 12 (2), 18, 23, 27, 30 re.,
36 (2), 40, 47 o., 53, 91, 95, 115 (2)
P. Konopka: S. 17, 19, 20 (3), 24 (2),
26 (2), 28, 29 (2), 30 li., 31 (2), 32,
37 (2), 38, 39, 45, 59, 108 o.
S. Penazzo: S. 71
C. Reinhard: S. 10, 47 u., 48, 78, 81,
85, 87, 112, 127 o.
K. P. Thaler: S. 108 u.
P. Witek: S. 2/3, 6/7, 8, 9, 43, 50,
51, 52, 58, 76, 77 (2), 118, 119, 125,
127 u.

Grafiken: Jörg Mair

Umschlagfotos: P. Witek (Vorderseite)
H. Seidl (Rückseite)

Der Radrennfahrer ist der »Kaiser der Athleten«. Er ist leistungsfähiger als alle anderen Sportler. Bei Etappenrennen wie der Tour de France müssen die Fahrer bis zu drei Wochen lang täglich Höchstleistungen vollbringen. Untersuchungen belegen, daß Straßenradrennfahrer in der Ausdauerleistungsfähigkeit allen anderen Sportlern überlegen sind. Sie müssen ausdauernd sein wie Marathonläufer, schnell wie Sprinter und kräftig wie Ruderer.

Straßenradrennfahrer haben die größte maximale Sauerstoffaufnahmefähigkeit pro Kilogramm Körpergewicht, das größte Herzvolumen und die größte Lungenkapazität in einem einzigen Organismus vereint. Dabei legen die Giganten der Landstraße

jedes Jahr 30 000 bis 40 000 km auf dem Rennrad zurück. Drei bis sechs Millionen Pedalumdrehungen sind dazu notwendig – ohne daß es zu Gelenkschäden kommt. Denn der Radsport schont Gelenke, Sehnen und Bänder – und führt trotzdem zu allen gesundheitlich wertvollen Anpassungserscheinungen im menschlichen Körper.

Obwohl Radfahren so einfach aussieht, gibt es auch heute noch viele Geheimnisse der Leistungsentfaltung. Allein die miteinander konkurrierenden Eigenschaften »Ausdauer« und »Kraft« stellen Radsportler immer wieder vor Probleme in Training und Wettkampf. Neuere Untersuchungen über Muskelfaserstruktur und Stoffwechsel helfen heute dem Radsportler, meist alte Erfahrungen großer Radrennfahrer stichhaltig zu untermauern. Das Ziel dieses Büchleins ist es, alte Erfahrungen im Radsport mit modernsten wissenschaftlichen Erkenntnissen zu verbinden, um den Trainingsprozeß zu optimieren. Optimales Training bedeutet, mit möglichst geringem Zeitaufwand das bestmögliche Ergebnis zu erzielen. Dabei ist es notwendig, den Trainingsprozeß bewußt zu erleben. Erst dann erwacht die Faszination und Leidenschaft in diesem Sport, wenn es gelingt, die Leistungsentwicklung des eigenen Körpers – der menschlichen Maschine – mit der Rennmaschine harmonisch in Einklang zu bringen. Die Gesetze der Entfaltung von Persönlichkeit und Leistung gelten sowohl im Leistungssport als auch im Gesundheits- und Breitensport, für Mann und Frau, für jung und alt, also auch für Sie.
Das Büchlein wendet sich an den sportlichen Tourenfahrer bis hin zum passionierten Straßenradrennfahrer, gleichgültig ob Mann oder Frau, ob Jugendlicher oder Seniorenfahrer.

Dr. Peter Konopka

Ausrüstung

Radtypen

Es gibt eine Reihe unterschiedlicher Fahrradtypen, die sich in ihrer Bauweise entsprechend den Bedürfnissen und Vorschriften in den einzelnen Radsportdisziplinen unterscheiden. Bahnräder haben weder Bremsen noch Freilauf, Crossräder sind mit besonderen Reifen und Bremsen ausgestattet usw. Die Radsportler, für die dieses Buch geschrieben ist, werden vorwiegend die vielseitig einsetzbare Straßenrennmaschine benutzen.
Für den ambitionierten Rennfahrer ist außerdem noch ein ganz besonderer Typ des Straßenrades, die Zeitfahrmaschine, beschrieben.

Die Straßenrennmaschine

Es ist kaum zu glauben, daß ein Sportgerät wie das Rennrad immer wieder weiter optimiert werden kann.
Eine gute Straßenrennmaschine ist eine technische Präzisions-Meisterleistung. Gerade weil man mit dem Rennrad viele tausend Kilometer, bergauf und bergab, bei jedem Wetter unterwegs ist, und weil es so wichtig ist, daß die Rennmaschine zu den eigenen Körpermaßen paßt, sollte man bei der Anschaffung zum Spezialisten gehen. Ein Rennrad wird nicht von der Stange gekauft, sondern individuell angepaßt.
Das Rennrad besteht aus dem **Rahmen** und den zusätzlichen **Teilen**: Lenker mit Bremsgriffen, Lenkungslager und Gabel, Tretlager mit Tretkurbeln, Pedalen, Kettenblättern und Schal-

Straßenrennmaschine

tung, Laufräder, Bremsen, Sattel mit Sattelstütze und variables Zubehör. Sowohl der Rahmen wie auch die Teile sollten von höchster Qualität sein. Das Gewicht eines Rennrades liegt meist zwischen acht und zehn Kilogramm. Stabilität und Steifheit des Rahmens sind um so wichtiger, je größer und schwerer der Radsportler ist. Erkauft man leichteres Gewicht mit Instabilität des Rahmens, dann kann die eingesetzte Kraft nicht direkt genug auf die Straße gebracht werden. So gehen Energie und der Vorteil der Gewichtsersparnis verloren. Besser ist es, ein stabiles Rennrad mit steifem Rahmen zu benutzen – und Gewicht am eigenen Körper einzusparen.

Zeitfahrmaschine (ovale Rahmenrohre, Scheibenlaufrad hinten, Armauflage für den Lenker)

Die Zeitfahrmaschine

Beim Zeitfahren fährt man ohne den Windschatten des Vordermannes mit größtmöglicher Geschwindigkeit gegen die Uhr. Der Luftwiderstand nimmt mit dem Quadrat der Geschwindigkeit zu und steht in direktem Verhältnis zur Windangriffsfläche, die Rennfahrer und Rennmaschine als Einheit insgesamt bieten. Wie beim Auto hat der Windkanal auch beim Rennrad neue Formen diktiert: tiefer Hornlenker, ovale Rohre des Rahmens, Verlagerung der Vorderbremse hinter den Gabelkopf, Versenkung der Brems- und Schaltzüge, schmalere Reifen und Felgen, scheibenförmige Verkleidung der Laufräder. Alle diese Veränderungen dienen zunächst der moralischen

Unterstützung des Radsportlers, der beim Zeitfahren nicht das Gefühl haben soll, den Gegnern im Material unterlegen zu sein. Denn Windkanalversuche zeigen, daß die Einsparung am Luftwiderstand durch diese Veränderungen der Rennmaschine äußerst gering sind. Wenn der Rahmen mit seinen ovalen und schmalen Rohren durch die beim Zeitfahren notwendige kräftige Tretbewegung in Schwingungen gerät und der Seitenwind voll auf die Scheibenräder trifft, kann ein solches Rennrad sogar nachteilig sein. Ganz zu schweigen davon, daß man sich mit einer »Super-Zeitfahrmaschine« keine schlechte Zeit leisten darf, eine zusätzliche moralische Verpflichtung!

9

Am wichtigsten ist es, die Windangriffsfläche zu vermindern. Das erreicht man durch eine möglichst tiefe Lenkerhaltung. Dabei sollte der Kopf vollständig in der Silhouette des Rumpfes verschwinden. Dazu dient vor allem der tiefe, sogenannte »Hörnchenlenker«. Diese Lenker – auch Delta-, Kuhhorn- oder Triathlonlenker genannt – dürfen im Radsport nur beim Zeitfahren oder bei Rekordversuchen verwendet werden, während Unterarm- oder Ellbogenstützen im Radrennen zulässig sind. Leichte Vorteile bringen zusätzlich die aerodynamische Gestaltung von Rahmen (ovale Rohre) und Zubehör wie Bremsen, Tretkurbeln, Schaltung usw. Sinnvoll sind auch schmale Reifen mit hohem Reifendruck und die Entfernung aller für das Zeitfahren nicht notwendigen Teile, z. B. Flaschenkorb, Luftpumpe und Reservereifen.

Um der Phantasie bei der Gestaltung von Zeitfahrmaschinen gewisse Grenzen zu setzen sowie den Geist des Radsportes und die Chancengleichheit zu bewahren, hat die Internationale Radsportvereinigung (UCI) Bestimmungen zur Materialkontrolle im Radrennsport erlassen. Die wichtigsten Punkte sind folgende:

- Zugelassen sind nur Rennmaschinen üblicher Bauart, die im Handel erhältlich sind und die alle Radsporttreibenden benutzen können.
- Der Fahrer muß eine Sitzposition auf seinem Rad einnehmen, wobei er sich einzig und allein auf die Pedale, den Sattel und die Lenkstange stützt.

Zeitfahrmaschine (modernes Design)

Von der UCI (Union Cycliste International = Internationaler Radsportverband) vorgeschriebene Maße eines für Wettkämpfe verwendeten Straßenrennrades (Bedeutung der Buchstaben siehe unten links)

Folgende Maße sind einzuhalten (siehe Abb. oben):
- Der Abstand zwischen der Tretlagerachse und dem Boden muß mindestens 24 cm und darf höchstens 30 cm betragen (a).
- Die Sattelspitze muß mindestens 5 cm hinter der Senkrechten durch die Tretlagerachse liegen (b).
- Der Abstand zwischen Tretlagerachse und Vorderradachse darf 54 bis 65 cm betragen (c).
- Der Abstand zwischen Tretlagerachse und Hinterachse muß mindestens 35 cm und höchstens 50 cm betragen (d).
- Der Durchmesser der Laufräder inkl. Reifen darf maximal 70 cm und minimal 55 cm betragen (e).

Kernstück des Rennrades: der Rahmen

Der Rahmen des Rennrades besteht aus folgenden Teilen:
- Oberrohr (Horizontalrohr)
- Sitzrohr (Sattelrohr)
- Unterrohr (Schrägrohr)
- Steuerrohr (Lenkkopfrohr)
- Tretlagergehäuse
- Hinterbau mit Ketten- und Sitzstreben
- Gabel mit Gabelschaft, Gabelkopf und Gabelscheide
- Ausfallenden

Der richtige Rahmenbau einer Rennmaschine ist eine Wissenschaft für sich. Die Namen berühmter Rahmen-

11

Der Rahmen: Bezeichnung seiner Teile

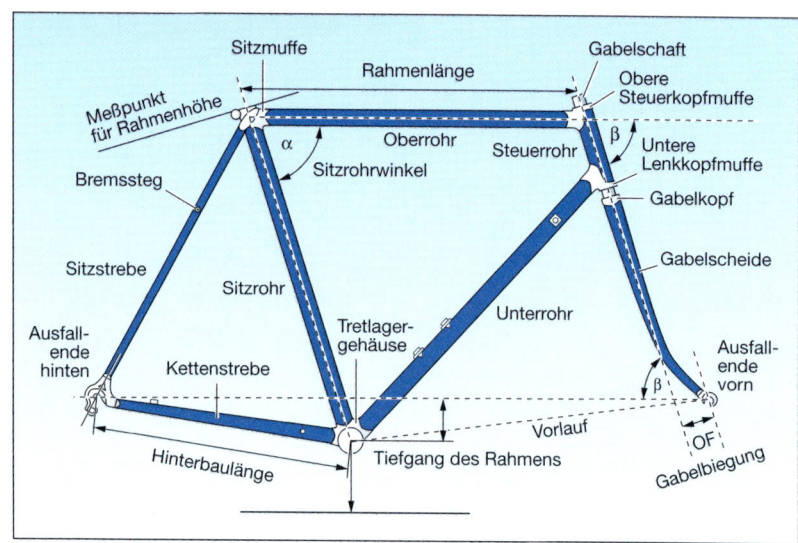

Die Rohre des Rahmens sind durch Muffen miteinander verbunden.

Verkürzter Hinterbau mit hinterer »Eindellung« des Sattelrohrs: erhöhte Steifheit des Rahmens

bauer wie Masi, Colnago, Pinarelli u.a. lassen das Herz eines Radsportlers höher schlagen. Dabei geht es vor allem um einen idealen Kompromiß zwischen Stabilität, Steifheit und Gewicht des Rahmens. Viele Variationsmöglichkeiten gibt es nicht. Im wesentlichen können nur Material (Stahllegierungen, Aluminium, Titan, Carbon), Wandstärke und Durchmesser der Rahmenrohre verändert werden. Die Wandstärke der drei Hauptrohre ist nicht durchgehend gleich. So besteht ein Oberrohr des Rohrsatzes Columbus EL zum Beispiel aus der relativ festen Stahlsorte Nivachrom, hat einen Durchmesser von 25,4 mm und in der Mitte eine Wandstärke von 0,4 mm. Zu den Enden hin folgt ein kurzer konischer Teil, der zu einer Wandstärke von 0,7 mm am Ende übergeht. Solche Rohre nennt man endverstärkt. Die Kunst eines Rahmenbauers besteht in der richtigen Kombination von Rohrmaterial sowie Wandstärke und Durchmesser der Rahmenrohre. Daraus und aus der Rahmengröße ergibt sich das Gewicht eines Rahmens. Im allgemeinen wiegt ein Rahmen (ohne Gabel) aus einer Stahllegierung (z. B. mit Chrom-Molybdän) bei einer Rahmenhöhe von z. B. 58 cm um die 2000 g, aus Aluminium oder Titan ca. 1400 bis 1700 g. Es gibt auch sehr leichte Rahmen aus Carbon, deren Verarbeitungsmöglichkeiten jedoch so vielfältig sind, daß es keine verbindlichen Gewichtsangaben gibt, zumal weitere wichtige, meist metallische Teile – wie Ausfallenden, Tretlagergehäuse und Steuersatzaufnahme – mit in den Rahmen integriert werden müssen. Doch ein leichtes Rahmengewicht macht allein noch keinen guten Rahmen. Neben Stabilität und Haltbarkeit sind auch eine hohe Tretlagersteifigkeit (vor allem im Wiegetritt beim Bergauffahren) und eine geringe Flatterneigung (besonders beim Bergabfahren) von großer Bedeutung. Daher bevorzugen größere Radsportler meist einen etwas steiferen und relativ schwereren Rahmen, damit bei großem Krafteinsatz nicht ein großer Teil der eingesetzten Energie über einen schwingenden und flatternden Rahmen verlorengeht.

Maßarbeit: das individuelle Rennrad

Es ist kein Luxus – sondern eine Notwendigkeit, die Maße des Rennrades den eigenen Körpermaßen anzupassen. Denn selbst bei gleicher Körpergröße sind die Proportionen bei verschiedenen Menschen oft unterschiedlich: Der eine hat längere Beine, der andere einen längeren Rumpf. Selbst bei identischer Beinlänge hat der eine längere Unter-, der andere längere Oberschenkel. Auch die Armlängen sind verschieden. Wenn Mensch und Rennrad optimal zusammenspielen sollen, muß auch das Rennrad für jeden Menschen individuell gestaltet werden.

Folgende Bedingungen sollten erfüllt sein:

- Der Fahrer muß eine Sitzposition einnehmen können, in der er seine Kraft möglichst direkt und ohne Verluste auf Pedale und Straße übertragen kann.
- Der Brustkorb muß frei atmen können.
- Der Fahrer soll eine tiefe aerodynamische Haltung einnehmen können, ohne daß er in der Atmung oder im Bewegungsablauf behindert ist.

13

Bestimmung der Schritt-länge (barfuß) – Multiplikation dieses Maßes mit dem Faktor 0,66 ergibt die Rahmenhöhe (nach W. Hügi).

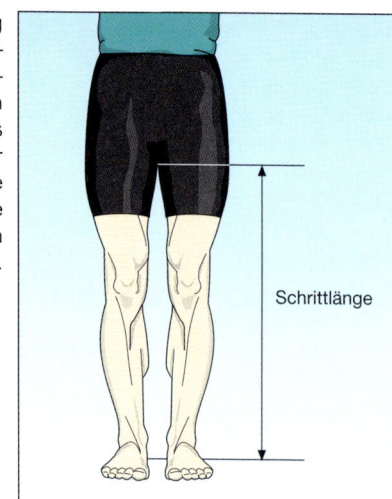

Schrittlänge

Die Rahmen-höhe wird entlang des Sitzrohres zwischen der Mitte des Tret-lagers und dem oberen Rand der Sitz-muffe (»italieni-sches Maß«) bzw. bis zur Mitte des Oberrohres gemessen.

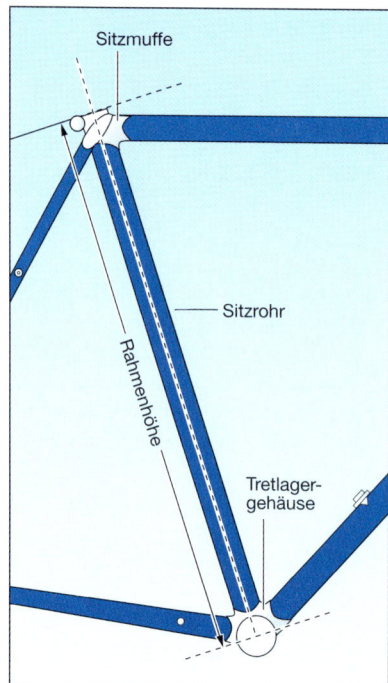

Sitzmuffe

Sitzrohr

Rahmenhöhe

Tretlager-gehäuse

Eine falsche Position auf dem Renn-rad kann die optimale Leistungsentfal-tung verhindern und zu Rücken-schmerzen, Muskelverkrampfungen, Sitzbeschwerden, Gelenkschmerzen und Sehnenreizungen führen.

Jeder Rahmenbauer hat sein eigenes Rezept zur Bestimmung der perfekten Rahmenmaße und hütet diese Formel-sammlung wie ein Geheimnis. Die wichtigsten Punkte sind folgende:

- Die ungefähre Rahmenhöhe kann nach der Körpergröße bestimmt werden. Im Zweifelsfall nimmt man eher den kleineren Rahmen.
- Man bestimmt die Schrittlänge, und zwar barfuß. Den gemesse-nen Wert multipliziert man mit dem Faktor 0,66.
- Je länger die Oberschenkel des Fahrers, desto kleiner sollte der Sitzrohrwinkel alpha (α) sein – also mehr gegen 71° statt der meist üblichen 73° bis 74°.
- Der Steuerrohrwinkel (Lenkwinkel) beta (β) und die Gabelbiegung (5a) bestimmen den Gabelvorlauf (5b).
- Der Steuerrohrwinkel beta (β) liegt meist zwischen 73° und 74°.
- Der Gabelvorlauf beträgt 45 bis 60 mm, meist 55 mm.
- Je steiler der Steuerrohrwinkel (Lenkwinkel) und je geringer der Gabelvorlauf bei mittlerer Gabel-biegung ist, desto »agiler« läßt sich das Rennrad steuern.
- Länge des Lenkervorbaues siehe S. 17.
- Sattelposition siehe S. 54 f.

14

Maßkarte für das individuelle Rennrad:

1 Rahmenhöhe	4 Vorbaulänge	6 Tretkurbellänge	α Sitzrohrwinkel
2 Rahmenlänge	5a Gabelbiegung	7 Lenkerbreite	β Steuerrohrwinkel
3 Hinterbaulänge	5b Gabelvorlauf		

Die aufgrund mühsamer Kleinarbeit erhaltenen individuellen Maße seines Rennrades trägt man am besten in eine *Maßkarte* ein, um sich bei Bedarf (Diebstahl, Unfälle) sofort wieder sein individuelles Rennrad, das mit den eigenen Körpermaßen harmoniert, zusammenstellen zu können.

Bestimmung der Rahmenhöhe nach der Körpergröße

Körpergröße (cm)	Rahmenhöhe (cm)
160–165	51–53
165–170	53–55
170–175	55–57
175–182	57–59
182–187	59–61
187–192	61–63
über 192	über 63

15

Steuersystem

Lenker mit Vorbau

Es gibt verschiedene Lenkerbügelformen. Gewöhnlich wird für Straßenrennräder der Typ »Tour de France« oder »Giro d'Italia« verwendet, die oben bis weit nach außen gerade verlaufen. Die Lenkerbügel-Rohre bestehen meistens aus Dur-Aluminium, haben eine Wandstärke von ca. 1 mm und einen äußeren Durchmesser von 23 bis 25 mm. Die Lenkerbreite wird normalerweise an den Enden von Rohrmitte zu Rohrmitte gemessen. Sie sollte etwa der Schulterbreite des Radsportlers entsprechen. Ist der Lenker zu schmal, wird die freie Atmung behindert. Ist er zu

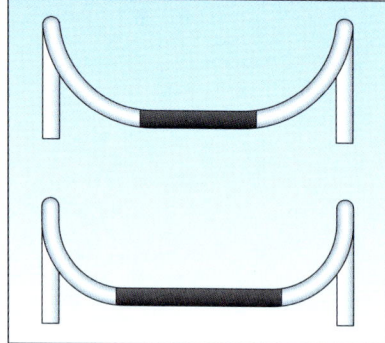

Die beiden Hauptlenkerformen: oben runde, geschwungene Form mit kürzerem, geraden Anteil in der Mitte: Typ »Gimondi«; unten der breiter wirkende gerade Lenker Typ »Merckx«

breit, läßt der ungünstige Zugwinkel die Armmuskulatur des Fahrers frühzeitig ermüden.

Ein Radsportler mit durchschnittlichem Körperbau wird meistens eine Lenkerbreite von 40 bis 42 cm benötigen. Breit gebaute oder größere Fahrer müssen einen entsprechend breiteren, kleinere und schmal gebaute Fahrer einen schmaleren Lenker auswählen. Die Lenkerenden müssen mit einem Lenkerstopfen verschlossen werden, damit man sich beim Sturz nicht verletzt. Das ist sogar Vorschrift im internationalen Radsportreglement. Der Lenkerbügel wird mit Lenkerband umwickelt, dessen Material so beschaffen sein soll, daß es weder bei Regen glitschig wird noch bei Hitze an den Händen klebt. Es gibt auch spezielle Lederhüllen für den Lenkerbügel, wobei Leder jedoch im Regen an Griffigkeit verliert.

Die Lenkerbreite soll der Schulterbreite entsprechen.

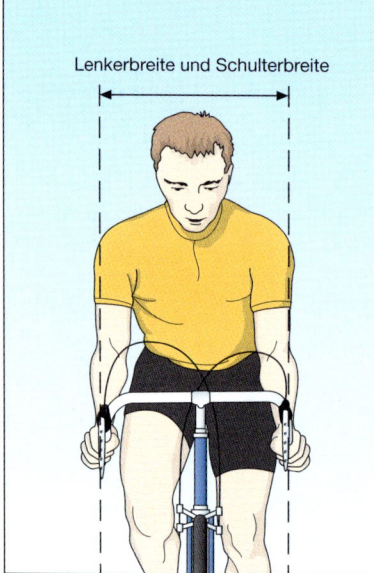

Lenkerbreite und Schulterbreite

Bestimmung von Rahmenhöhe und Lenkerbreite nach Fahrertyp

Fahrertyp	Rahmen- höhe (cm)	Lenker breite (cm)
Buben, Schüler	bis 51	36–38
kleine Fahrer	51–55	38–40
Normalgröße	56–58	40–42
sehr große Fahrer	59 und größer	42–44

Lenker mit Vorbau

Der **Vorbau** besteht ebenfalls aus Dur-Aluminium. Seine Länge richtet sich nach den Körpermaßen des Radsportlers. Im Normalfall gibt es feste Beziehungen zwischen den Vorbaulängen und den Rahmenhöhen. Besonderheiten des Körperbaues des Fahrers, z. B. besonders kurze oder lange Arme, kurzer oder langer Rumpf, kann man durch entsprechende Vorbaulänge ausgleichen. Prinzipiell sollte der Lenkervorbau so lang wie möglich, der Rahmen so

Beziehung zwischen Vorbaulänge und Rahmenhöhe

Vorbaulänge (cm)	Rahmenhöhe (cm)
8–9	51–53
9–10	53–55
10–11	55–57
11–12	57–59
12–13	59–60

kurz wie möglich gewählt werden. Ein relativ kurzer Rahmen gewinnt an Steifheit, ein relativ langer Vorbau übt gewissermaßen die Funktion einer Art »Servolenkung« aus, er ist angenehmer und einfacher zu lenken. Der Lenkervorbau wird durch einen Klemmkonus, die Innenklemme, mit dem Schaftrohr der Gabel verbunden. Wenn man die Imbusschraube am oberen Ende der Vorbauspindel anzieht, wird der Klemmkonus in das geschlitzte Rohr des Vorbauschaftes hineingezogen, wodurch dieses im Schaftrohr der Gabel eingepreßt wird. Das Schaftrohr der Gabel wird durch das **Lenkungslager,** auch Steuersatz genannt, im Steuerrohr des Rahmens befestigt.
Wesentliche Bestandteile des Lenkungslagers sind obere und untere Kugelschale, oberer und unterer Konus sowie oberes und unteres Kugellager. Die Kugelauflager bestehen aus Stahl, während die übrigen Bestandteile außer aus Stahl auch aus Dur-Aluminium oder Titan bestehen

17

können. Die Lebensdauer eines Lenkungslagers hängt außer vom Material wesentlich auch von der richtigen Einstellung ab: Das Lenkungslager sollte so eingestellt sein, daß Lenker und Gabel so gut wie kein Spiel aufweisen, sich aber trotzdem leicht drehen lassen. Sowohl zu feste wie auch zu lockere Einstellung begünstigt frühzeitige Schäden an Kugellager, Lagerschalen und Konusringen. Die richtige Einstellung des Lenkungslagers ist daher sehr wichtig. Da sie Gefühls- und Erfahrungssache ist, sollte sie von einem Fachmann vorgenommen werden.

Aerodynamisch geformter Gabelkopf

Gabel mit Gabelschaftrohr

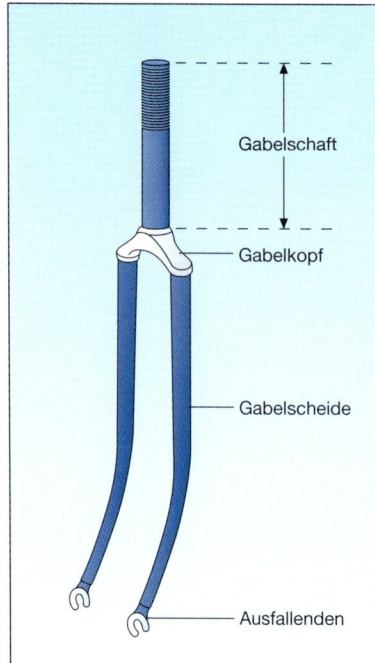

Gabelschaft

Gabelkopf

Gabelscheide

Ausfallenden

Gabel mit Gabelkopf

Die **Gabel** kann als Teil des Rahmens gesehen werden – gehört aber funktionell zum Steuersystem. Sie besteht aus dem Gabelschaft, dem Gabelkopf, den Gabelscheiden und den Ausfallenden.

Der **Gabelkopf** muß äußerst präzise und stabil gearbeitet sein, damit er ganz genau in den unteren Konusring des Lenkungslagers paßt und andererseits alle Stöße und Belastungen des harten Rennrad-Alltags zuverlässig abfangen kann. Der Querschnitt der Gabelscheiden ist oben oval (ca. 28 x 19 mm), um Stöße von Straßenunregelmäßigkeiten besser aufnehmen zu können, die Form verjüngt sich nach unten und der Querschnitt ist dann kreisförmig (Durchmesser ca. 12 mm). Dabei ist die Wandstärke von oben bis unten konstant. Die Durchbiegung der Gabel (meistens 4 bis 6 cm) und ihre Neigung, die durch den Steuerrohrwinkel gegeben ist, bestimmen entscheidend das Fahrverhalten des Rennrades.

Aus diesen beiden Faktoren ergibt sich auch der sog. Gabelvorlauf (Abb. S. 15). Bei Rennrädern beträgt der Gabelvorlauf meistens 5 bis 5,5 cm bei einem Steuerrohrwinkel von 73 bis 74°. Für längere Abfahrten im Gebirge soll ein Gabelnachlauf von 4 bis 4,5 cm bei einem Steuerrohrwinkel von 74 bis 75° wegen des strafferen Fahrverhaltens günstiger sein. Steilere Gabeln sind zwar leichter zu steuern, eignen sich jedoch nur für gute Straßen, weil sie Stöße weniger gut abfangen.

Antriebssystem

Die Kraft des Radsportlers wird von seinen Fußballen über die Sohlen der Radschuhe auf die Pedale und Pedalachsen übertragen. Von hier wirkt die Kraft über die Tretkurbeln auf das Tretlager. Weiter geht der Weg der Kraft über die Kettenräder, die an der rechten Tretkurbel mit fünf Armen befestigt sind, über die Kette auf den Zahnkranz des Hinterrades. Dieser gibt schließlich die Kraft über Nabe, Speichen, Felgen und Reifen an den Bodenbelag der Straße weiter.

Pedale

Auch die Rennpedale bestehen meistens aus Dur-Aluminium. Die leichtesten Rennpedale haben eine Achse aus Titan. Aber auch Stahlpedale erfüllen durchaus ihren Zweck, haben zwar etwas mehr Gewicht, sind aber unverwüstlich. Gerade bei den Pedalen gibt es einige moderne Entwicklungen. Einmal ging man daran, die Pedalachsen zu verkürzen, um es dem Radsportler zu ermöglichen, mit größerem Neigungswinkel in der Kurve zu fahren. Zum anderen gibt es Pedale, die eine feste Verbindung mit dem Radschuh herstellen (z. B. Look-System), so daß hier der früher übliche Pedalhaken überflüssig geworden ist. Überlegungen zur Aerodynamik gingen auch an den Pedalen nicht spurlos vorüber.

Um den Fuß fest mit dem Pedal zu verbinden, gab es früher Pedalhaken, deren Länge sich nach der Schuh-

Modernes Pedal (Klickpedal)

Radsport-
schuhe mit
Schuhplatten
für »Klick-
pedale«

größe richteten. Inzwischen haben sich jedoch die Systeme mit den Klickpedalen bewährt. An den Sohlen der Radsportschuhe sind Schuhplatten befestigt, die man von oben in die Pedale ein- und seitlich nach außen aus ihnen wieder ausklicken kann.

Tretlager

Das Tretlager, meist aus Dur-Aluminium gearbeitet – leichtere Modelle aber auch aus Titan –, wird im Tretlagergehäuse des Rahmens durch zwei Tretlagerschalen mit Kugelringen befestigt. Tretlager, Tretkurbeln und Kettenblätter bilden eine Einheit, müssen zusammenpassen und sollten daher

Komplette
Komponenten-
garnitur

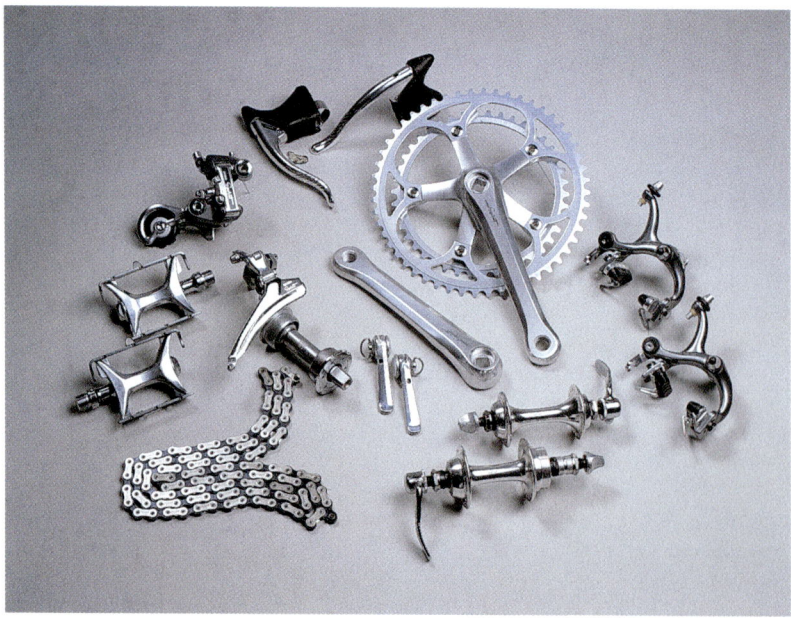

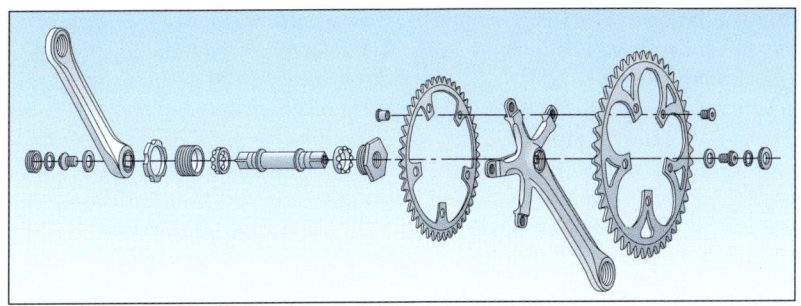

Tretlager mit Tretkurbeln und Kettenblättern

vom gleichen Fabrikat sein. Das Tretlager sollte so eingestellt werden, daß es kein seitliches Spiel hat und trotzdem leicht läuft. Die Abdichtungen des Tretlagers sind in der Regel so hochwertig, daß auch bei langen Regenfahrten kein Wasser eindringen kann.

Tretkurbeln und ihre Länge

An der Tretlagerachse werden beidseits die Tretkurbeln befestigt. Die rechte Tretkurbel nimmt an ihren fünf Armen die Kettenblätter auf. Die Länge der Tretkurbeln wird von der Tretlagermitte bis zur Mitte der Pedalachse gemessen. Denkt man an die Hebelgesetze, möchte man meinen, um so weniger Kraft zu benötigen, je länger die Tretkurbeln sind. Das ist auch vollkommen richtig. Mit längeren Tretkurbeln muß man jedoch bei jeder Umdrehung einen größeren Weg zurücklegen. Umgekehrt ist es bei kürzeren Tretkurbeln. Aufgrund bestimmter Erfahrungen ganzer Radsportgenerationen gibt es bei der Auswahl der Tretkurbellänge einen jeweils optimalen Kompromiß zwischen

Hebelwirkung, zurückgelegtem Weg pro Pedalumdrehung und den Hebelverhältnissen des eigenen Körpers, wobei es besonders auf die Länge der Oberschenkelknochen ankommt. Diese steht meist in einem bestimmten Verhältnis zur Körpergröße. Es gibt Tretkurbellängen von 170 mm, 172,5 mm und 175 mm. Die meistens zutreffende und tatsächlich im Durchschnitt übliche Tretkurbellänge ist 170 mm. Übergroße Radsportler, etwa mit einer Rahmenhöhe von 60 bis 61 cm, werden Kurbeln von 172,5 mm oder von 175 mm Länge verwenden. Das kürzere Kurbelmaß hat den Vorteil, daß man größere Umdrehungszahlen als bei den längeren Kurbeln erreicht. Dies ist bei

Tretlager mit zwei Kettenblättern, Tretkurbel, Pedal und »Überwerfer« der Schaltung

21

Rennen, in denen das Tempo häufig schnell wechselt, von Bedeutung. Nur beim Zeitfahren, wobei das Tempo gleichmäßig hoch ist, bevorzugt man öfter die längeren Kurbeln (172,5 oder 175 mm), da die Kraftübertragung infolge der längeren Hebelwirkung günstiger, eine hohe Umdrehungszahl aber nicht notwendig ist.

Kettenräder (Kettenblätter)

An den fünf Armen der rechten Tretkurbel werden meistens zwei Kettenblätter befestigt, ein großes außen (52 oder 53 Zähne) und ein kleines (meistens 39 oder 42 Zähne) innen. Eine Kleinigkeit am Kettenblatt kann viel Ärger ersparen: die **Kettenfangschraube**. Wenn die Kette einmal beim Schalten zwischen das große Kettenblatt und die Tretkrubel fällt, kann sie meist nur mit großen Schwierigkeiten wieder dort herausgeholt

werden. Das Hineinfallen in diesen Zwischenraum verhindert die Kettenfangschraube, die auch nachträglich leicht montiert werden kann. Sie ist in Höhe der Tretkurbel am großen Kettenblatt innen befestigt. Das Herabfallen der Kette vom kleinen Kettenblatt nach innen kann vom Überwerfer der Schaltung verhindert werden. Daher ist innen am kleinen Kettenblatt keine Kettenfangschraube notwendig.

Asymmetrisches Kettenblatt

Immer wieder taucht die Idee vom asymmetrischen, »ovalen« Kettenblatt auf. Dahinter steht folgender Gedanke: Die geringste Möglichkeit der Krafteinwirkung besteht am oberen und unteren toten Punkt der Pedalumdrehung. Daher liegt es nahe, bei dieser Stellung den Radius des Kettenblattes zu vergrößern, um gerade hier einen größeren Hebelarm der Kraftübertragung zu haben. Am größ-

Asymmetrisches Kettenblatt:
1 Größerer Radius – und damit größerer Hebelarm – am oberen toten Punkt der Pedalumdrehung

2 Geringerer Radius – und damit kürzerer Hebelarm – in vorderer Horizontalstellung der Tretkurbel

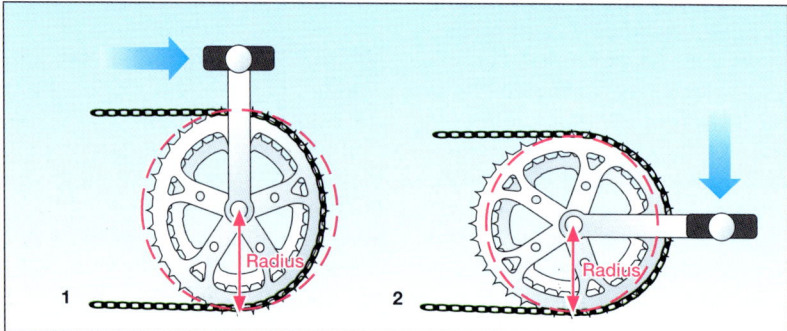

ten ist die Krafteinwirkung in Horizontalposition der Tretkurbel, so daß hier der Hebelarm in Gestalt des Kettenblattradius kleiner sein kann. Durch Computeranalyse von Tretbewegung und Tretkraft kann man so ein »optimales« Kettenblatt mit den optimalen Hebelwirkungen errechnen. Auch die Höhe der Zähne kann man rechnerisch an die Kraftbelastung anpassen. Die Biomechanik der Beinbewegung soll dadurch verbessert, eine wirksamere Kraftübertragung mit weniger lokaler Muskelermüdung möglich sein. Eingeführt ist dieses ovale Kettenblatt besonders bei Triathlon-Spezialisten. Es kann sein, daß diesen Allround-Athleten ein solches Kettenblatt entgegenkommt, vor allem wenn ihre Tretgeschwindigkeit relativ gering und der »müde Tritt« nicht vollkommen wie bei Radprofis ist. Der Wechsel vom Radfahren zur anschließenden Laufdisziplin soll durch das asymmetrische Kettenblatt erleichtert werden. Schon vor vielen Jahren haben sportmedizinische Untersuchungen mit dem ovalen Kettenblatt bei Radrennfahrern allerdings keine Verbesserung des Wirkungsgrades erbracht. Das kann damit zusammenhängen, daß Radrennfahrer gewöhnt sind, mit höherer Tretfrequenz zu treten, so daß sie den oberen und unteren toten Punkt der Tretbewegung mit Schwung überwinden. Außerdem gewährleistet der ideale »runde Tritt« (siehe S. 60) auch am oberen und unteren toten Punkt der Pedalumdrehung durch Anheben und Senken der Fußspitze eine fast senkrechte und

Asymmetrisches Kettenblatt. Es kann in besonderen Einsatzbereichen (z. B. Triathlon) durchaus sinnvoll sein.

damit ideale Krafteinwirkung auf die Tretkurbel, so daß sie durch ein ovales Kettenblatt keinen zusätzlichen Nutzen haben. Man kann sicher sein, daß Rad-Profis sofort auf das ovale Kettenblatt umsteigen würden, wenn es ihnen irgendeinen Vorteil brächte. Wenn sie das nicht tun, so wird das schon seinen Grund haben.

Zahnkranz

Er besteht aus dem Zahnkranzkörper und Kränzen verschiedener Größe, auch Ritzel genannt. Sie sind meistens aus Stahl hergestellt. Es gibt aber auch Modelle aus Dur-Aluminium oder Titan, die wesentlich leichter, aber auch teurer sind. Außerdem ist ihr Verschleiß wesentlich größer und damit ihre Lebensdauer kürzer. Bei den modernen Achtfach- und Neunfach-Zahnkränzen müssen die Zähne der Zahnkranzritzel sehr dünn sein. Auch das wirkt sich bei geringerer Materialhärte der Titanritzel ver-

23

schleißfördernd aus, vor allem wenn die Kette gelängt ist (siehe S. 26). Stahlritzel dagegen können durch Wärmebehandlung mit einer dünnen, extrem harten Randschicht gehärtet

Schaltwerk mit Zahnkranz (achtfach)

Auf die Nabe montierter Achtfach-Zahnkranz

werden. Ein Stahlzahnkranz wiegt etwa 280 bis 320 g, ein Titanzahnkranz etwa die Hälfte. Manche Hersteller gehen einen Kompromiß durch einen Materialmix ein: Zahnkranzkörper aus Aluminium, nur die drei größten Ritzel aus Titan, die restlichen aus Stahl. Mit einem großen (z. B. 53 Zähne) und einem kleinen Kettenblatt vorne (39 oder 42 Zähne) und einem Acht- oder Neunfach-Zahnkranz hinten von 13 bis 25 bzw. 12 bis 25 Zähnen etwa mit der Abstufung (12), 13, 14, 15, 17, 19, 21, 23, 25 kann man fast jedes »normale« Gelände meistern. Bei ausgesprochenen Berg- und Paßfahrten erweitert man das Spektrum der Bergritzel nach oben bis 27 oder 28 oder gar 30 Zähne.

Große Übersetzungen, d. h. kleine Ritzel zu fahren sollte man allerdings austrainierten Radrennfahrern überlassen. Es gibt wenige, die den »Dreizehner«, den »Zwölfer« oder gar den mysteriösen »Elfer« bergab oder mit Rückenwind wirklich »rund« treten können. Es kann sogar dazu führen, daß man sich die »Form« verdirbt, zu der die Fähigkeit gehört, locker und rund über lange Strecken mit hoher Tretfrequenz ohne Ermüdung fahren zu können. Eleganter Fahrstil und lockerer Tritt sind besonders im Training viel wichtiger als das langsame Treten großer Gänge. Deswegen ist in der Sportordnung des Bundes Deutscher Radfahrer (BDR) vernünftigerweise die Übersetzung für Schüler und Jugendliche nach oben begrenzt (siehe S. 69).

Kette

Schaltungsketten müssen entsprechend den steigenden Anforderungen im Radrennsport ständig weiterentwickelt werden. Für die modernen Achtfach- und Neunfach-Zahnkränze dürfen die Schaltungsketten nicht breiter als 6,80 bis 6,90 mm sein. Meistens sind sie ca. 140 cm lang und besitzen ca. 114 Kettenglieder, die bei Montage auf die individuelle Kettenlänge von ca. 108 Kettengliedern reduziert werden. Das Gewicht einer solchen Hochleistungs-Schaltungskette liegt etwa bei 280 g.
Um die Kette auf das benötigte Maß zu kürzen, benötigt man ein spezielles Kettenniet-Werkzeug. Die richtige Kettenlänge bestimmt man, indem man die Kette vorne auf das große Kettenblatt auflegt und hinten über das mittlere Ritzel des Zahnkranzes laufen läßt. Sie soll dann straff, aber nicht zu stark gespannt sein. Außerdem soll sie nicht zu locker durchhän-

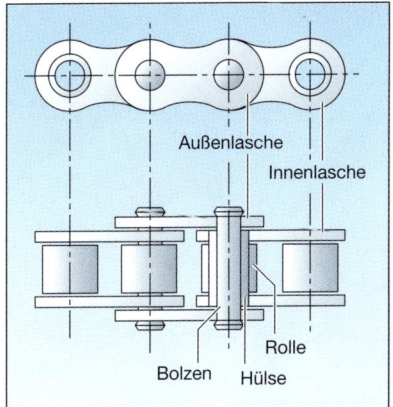

Aufbau der sog. Rollenkette. Bolzen verbinden Innen- und Außenlaschen. Die Hülse erlaubt reibungsarme Bewegung und vermindert den Verschleiß der Kette.

gen, wenn sie vorne auf dem kleinen Kettenblatt und hinten auf dem kleinsten Ritzel liegt. Eine dritte Möglichkeit, die richtige Kettenlänge zu bestimmen, ist in der Abbildung unten gezeigt.
Wegen ihrer Bedeutung für die »reibungslose« Kraftübertragung sollte die Kette regelmäßig gepflegt werden. Nach jeder Regenfahrt und/oder alle 200 bis 300 km sollte sie

Wenn die Kette vorn auf dem großen Kettenblatt und hinten auf dem kleinsten Zahnkranz liegt, soll die Kette so abgemessen sein, daß die Linie durch die beiden Rollenachsen der Schaltung senkrecht zum Boden verläuft.

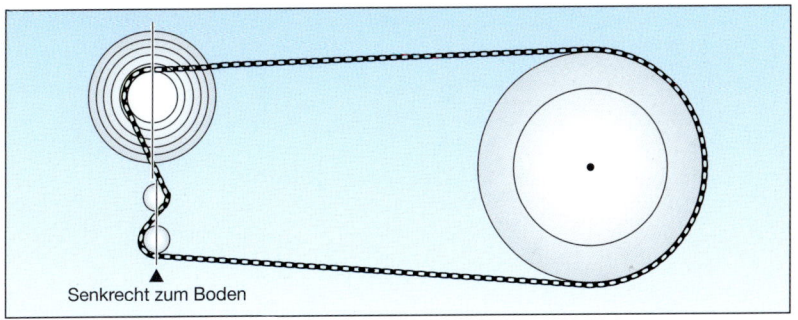

Senkrecht zum Boden

Läßt sich die Kette mehr als 2 bis 3 mm vom Kettenblatt abheben, ist es Zeit, die Kette zu wechseln.

mit einem öligen Lappen sauber abgewischt werden. Nach starker Schmutz- und Wassereinwirkung sollte sie nach einer intensiven Reinigung nachgeschmiert werden.

Je nach Beanspruchung wird die Kette im Laufe der Zeit gedehnt und damit länger, in der Fachsprache: gelängt. Das bedeutet, daß sie nicht mehr ideal mit dem Abstand der Zähne, vor allem der Zahnkranzritzel, übereinstimmt, so daß diese durch eine gelängte Kette verstärkt abgenutzt werden. Da eine neue Kette billiger als ein neuer Zahnkranz ist, sollte man die Kette rechtzeitig erneuern, je nach Beanspruchung etwa alle 2000 bis 5000 km. Eine »gelängte« Kette kann man bereits durch einen einfachen »Abhebetest« erkennen (siehe nebenstehende Abb.): Wenn man durch Ziehen die Kette so weit vom Kettenblatt abheben kann, daß man die Zähne fast vollständig sieht, ist es Zeit, die Kette zu wechseln. Oder genauer: Man prüft die Kettenlängung durch ein spezielles Kontrollwerkzeug (Kaliber, siehe nebenstehende Abb.).

Kaliber-Kontrollwerkzeug zur Messung der Kettenlängung

Ketten-Ideallinie: Sie soll parallel zur Rahmenmitte verlaufen.

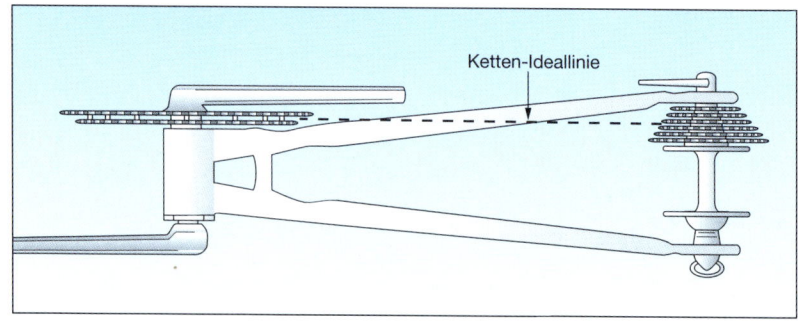

Ketten-Ideallinie

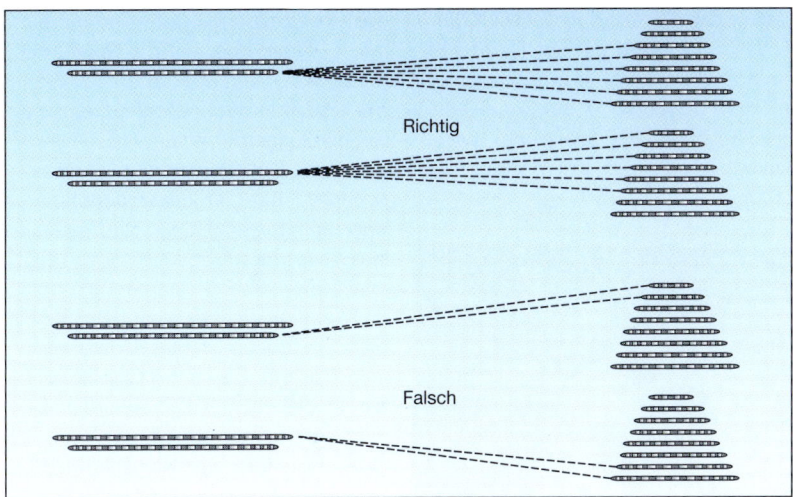

Richtige und falsche Ketten-linien beim Schalten (Acht-fach-Zahn-kranz)

Richtig

Falsch

Kettenlinie

Die Ketten-Ideallinie verläuft parallel zur Rahmenmitte durch die Mitte zwischen den vorderen Kettenblättern und die Mitte des Zahnkranzes. Man kann sie mit einer Schnur bestimmen: Bei einem Achtfach-Zahnkranz verläuft sie zwischen dem vierten und fünften Kranz. Abweichungen kann man korrigieren, wenn man zwischen Zahnkranz und Nabe einen Distanzring einlegt. Je mehr der Verlauf der Kette während der Fahrt von der idealen Kettenlinie abweicht, desto mehr Leistung geht durch seitliche Reibung der Kettenglieder an den Zähnen des Kettenblattes und des hinteren Zahnkranzes verloren. Dies ist beim Schaltvorgang zu berücksichtigen. Gewöhnlich benutzt man bei einem Achtfach-Zahnkranz mit dem großen Kettenblatt jeweils hinten die fünf bis sechs äußeren Zahn-

kränze, mit dem kleinen Kettenblatt die hinteren fünf bis sechs inneren Zahnkränze.

Schaltung

Das Schaltungssystem besteht aus der Kettenradschaltung vorne (Umwerfer oder Überwerfer), dem hinteren Schaltwerk für den Zahnkranz, den Schaltkabeln und Schalthebeln.

Umwerfer, auch Über-werfer ge-nannt

27

Der vordere Umwerfer wechselt die Kette vom großen auf das kleine Kettenblatt und umgekehrt. Man kann mit dem Umwerfer in der Regel 14 bis 15 Zähne Unterschied bei den Kettenblättern noch einwandfrei überbrücken.

Schaltwerk

Das hintere Schaltwerk führt die Kette über einen beweglichen Schaltarm von Zahnkranz zu Zahnkranz. Das obere Rädchen des Schaltwerks ist verantwortlich für eine präzise Kettenführung (Kettenführungsrädchen). Es darf daher möglichst kein seitliches Spiel haben. Etwa alle 4000 km – das sind etwa 2,5 Millionen Umdrehungen für diese Rädchen! – soll man den Schaltkäfig öffnen und die Ab-

deckscheiben und Gleitrollen gut einfetten. Wenn das seitliche Spiel trotzdem etwa 1 mm übersteigt, soll man das Rädchen auswechseln. Das untere Schaltungsrädchen hat die Aufgabe, die Kette zu spannen (Kettenspannrädchen). Im Gegensatz zum Kettenführungsrädchen soll dieses untere Kettenspannrädchen sogar seitliches Spiel haben, damit es sich nach der Kette ausrichten kann. Das Schaltwerk ist äußerst wichtig. Daher muß man hier besonders auf Qualität achten. Es besteht meistens aus Aluminiumlegierungen oder Titan. Der Gewichtsunterschied der Schaltwerke ist gering. Er schwankt je nach Ausführung etwa zwischen 180 g und 220 g.

Spielfreie Positionierungsschaltung
Der exakte Schaltvorgang ist Übungssache. Zum Schalten muß der Druck auf die Pedale verringert werden. Nach dem Schaltvorgang ist in der Regel eine Feinkorrektur des Schalthebels notwendig. Diese Feinkorrektur entfällt bei der modernen Rasterschaltung. Dazu mußte das Kettenführungsrädchen im Schaltwerk praktisch spielfrei konstruiert werden, damit die Kette bei der eingerasteten Schaltung keinen Millimeter ausweichen kann.
Die **Schalthebel** werden meistens am Unterrohr des Rahmens seitlich befestigt. Zur besseren Aerodynamik kann die Montage auch im »Windschatten« des Unterrohres erfolgen. Es gibt auch die Möglichkeit, die Schalthebel anstelle der Lenkerstop-

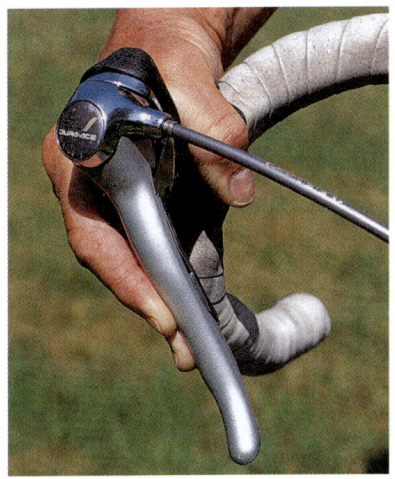
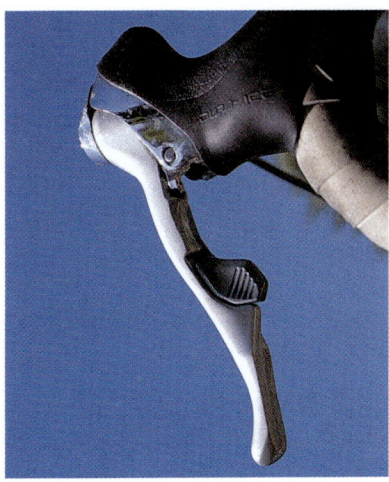

In die Bremsgriffe integrierte Schalthebel

fen an den Lenkerbügelenden zu montieren. Besonders Querfeldeinfahrer benutzen diese Lenkerschaltung, aber auch Sprinter bei Straßenrennen, da sie mit dieser Schaltung in der Spurtphase noch schalten können, ohne die Hand vom Lenker nehmen zu müssen.

Inzwischen haben sich auch im Profi-Radsport die in die Bremsgriffe integrierten Schalthebel bewährt.

Laufräder

Felge, Speichen, Nabe und Reifen sind die Bestandteile eines Laufrades. Es soll leicht und rund laufen, ohne Abweichung nach der Seite oder der Höhe. Die Standardausführungen haben 36 Speichen aus Nirosta-Stahl. Nur in Ausnahmefällen, zum Beispiel beim Zeitfahren, benutzt man 32- oder 28-Loch-Felgen, nicht um Gewicht einzusparen, sondern um den

Luftwiderstand wegen der geringeren Wirbelbildung kleiner zu halten. Diesem Ziel konnte man mit der Entwicklung der flachen »Messerspeichen« noch näherkommen. Ihre Stabilität ist so groß, daß man mit nur 16 oder gar 12 Speichen auskommt.

Felgen

Aus Stabilitätsgründen sollte man sich auch bei den Felgen nicht für superleichte Spezialausführungen entscheiden. »Profi-Felgen« wiegen ca. 400 g und sind 20 bis 22 mm breit. Die Entwicklung sogenannter »hoher« Felgen (z. B. Campagnolo Shamal-Felgen) haben Stabilität und Laufruhe der Felgen weiter verbessert. Früher kamen für Radrennfahrer nur Felgen für Schlauchreifen in Frage. Neuerdings gibt es jedoch so schmale Drahtreifen, daß sie als echte Alternative zu Schlauchreifen zu betrachten sind.

29

Bei beiden Grafiken geht der Schnitt durch die Hülse ins Speichenloch. Die Hülse steht abwechselnd nach links und rechts schräg.

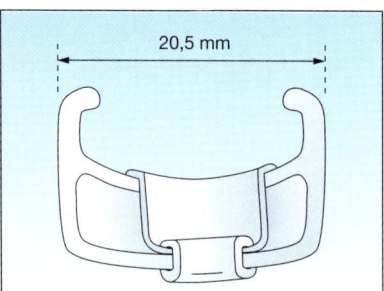

Querschnitt einer Felge für Drahtreifen (»Hornprofil«)

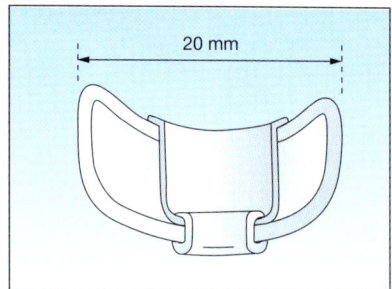

Querschnitt einer Felge für Schlauchreifen

Felgen für schmale Drahtreifen sind ebenfalls 20 bis 22 mm breit und weisen ein sog. Hornprofil auf, um einen sicheren Reifensitz zu gewährleisten.

Naben

Die Nabe ist das Kernstück des Laufrades. Auf sie wirken große Kräfte ein. Daher ist auch hier Qualität oberstes Gebot. Den Rand der Nabe, der die Speichen aufnimmt, bezeichnet man als »Flansch«. Es gibt Hochflansch- und Niederflansch-Naben. Niederflansch-Naben sind leichter. Hochflansch-Naben wurden früher verwendet, weil bei ihnen die Speichen kürzer und die Laufräder dadurch »härter« waren. Dieses Ziel

»Hohe Felge« mit »Messerspeichen«

Niederflansch-Nabe

wird heute durch höhere Felgen erreicht. Die Nabenachse ist hohl, damit sie die Spannachse der Schnellspannvorrichtung aufnehmen kann, die einen schnellen Radwechsel, der im Rennen über den Sieg entscheiden kann, ermöglicht.

Speichen

Ein Laufrad muß leicht und stabil zugleich sein. Dabei hat es die gesamte Kraft eines Radsportlers weiterzugeben. Schwachpunkte sind die Speichen, vor allem auf der rechten Flanschseite des Hinterrades, der Zahnkranzseite. Die Speichen werden mit folgenden Kräften belastet:

- Radiale Kräfte durch das Gewicht des Fahrers, die fast alle Speichen gleichmäßig durch Druck und Zug beanspruchen.
- Querkräfte, vor allem durch das Fahren im Wiegetritt, beim Neigen des Fahrrades.
- Umfangskräfte am Hinterrad, durch die über die Kette auf den Zahnkranz und die Nabe übertragenen Drehmomente.

Laufrad mit hoher Felge (Campagnolo), 16 flachen »Messerspeichen« und Schnellspann-Nabe

Niederflansch-Nabe mit radial verlaufenden Speichen

Die größten Kräfte und damit größten Bruchgefahren herrschen dort, wo die einzelne Speiche im Flansch einen Bogen beschreibt. Die nächsthöhere Spannung besteht am Speichenende in der Nähe der Felge. Rennspeichen haben meistens einen Durchmesser von 1,8 oder 2 mm, sind verchromt oder rostfrei. Wegen der stärkeren Spannungskräfte an den Speichenenden gibt es auch Speichen, die dort verstärkt sind, sog. Doppeldickend-Speichen oder DD-Speichen, Durchmesser am Ende 2 mm, dazwischen 1,6 mm. Beim Einspeichen werden die Speichen meist dreifach gekreuzt, d. h. bei zwei sich kreuzenden Speichen müssen vier Speichenlöcher in der Nabe frei bleiben. Von größter Bedeutung ist es, daß der Speichenbogen vor allem auf der rechten Seite des Hinterrades optimal an den

Flansch angepaßt ist. Der Speichenbogen ist das eigentliche Problem in der Stabilität der Speichen. Deswegen hat man Laufräder mit radialer Einspeichung entwickelt, um diesen Schwachpunkt zu vermeiden.
Neu eingespeichte Laufräder sollten erst im Training ungefähr 100 Kilometer gefahren werden, da sich die Nippel zunächst setzen müssen. Danach muß das Laufrad erneut nachgespannt und zentriert werden. Erst dann soll man es für Rennen benutzen.

Scheibenräder

Um den Luftwiderstand durch die Speichen zu vermindern, werden bei Zeitfahrdisziplinen auf der Straße

Mit Scheiben verkleidete Räder verbessern die aerodynamischen Eigenschaften.

manchmal Scheibenräder eingesetzt. Dabei sind die Speichen durch große, dünne und leichte Scheiben verkleidet. Die Scheibenräder weisen jedoch eine größere Seitenwindempffindlichkeit auf. Daher hängt es ganz von der Windrichtung ab, ob man beim Zeitfahren diese Scheibenräder einsetzt oder nicht.

Reifen

Für Rennräder wurden bisher ausschließlich Schlauchreifen verwendet, d. h. Reifen, in die der Schlauch eingenäht ist. Neuerdings werden auch von Radrennfahrern immer häufiger Drahtreifen oder Hochdruckreifen, zumindest im Training, gefahren. Gleichgültig welche Reifen man wählt: Sie müssen gut laufen, dürfen nicht zu schwer sein und sollten lange halten. Reifentests für Rennreifen haben folgende Aspekte zu berücksichtigen:

- Sicherheit: Defektanfälligkeit, Straßenhaftung
- Fahrt-Widerstand: Luftwiderstand, Rollwiderstand, Gewicht
- Komfort: Federungseigenschaften, Reparaturfreundlichkeit, Montagefreundlichkeit, Dichtigkeit über längere Zeit, runder Lauf
- Kosten: Anschaffungspreis, Lebensdauer, Reparaturkosten

Ein **Schlauchreifen** besteht aus einem Schlauch, der von einer Karkasse meistens aus Baumwolle umgeben ist. Diese ist auf der Felgenseite durch eine Naht verschlossen, die von einem

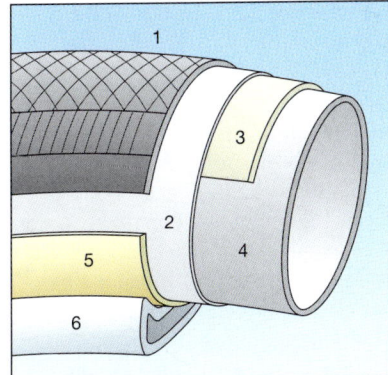

Aufbau eines Schlauchreifens:
1 Protektor aus Naturkautschuk
2 Karkasse aus Baumwolle
3 Polyurethan-Gürtel als Schutz gegen
  Defekte
4 Butylschlauch
5 Nahtschutz (Sicherheitsgürtel)
6 Felge

Aufbau eines Drahtreifens:
1 Decke oder Protektor aus Kautschuk
2 Karkasse aus Baumwolle
3 Wülste mit Drahteinlage

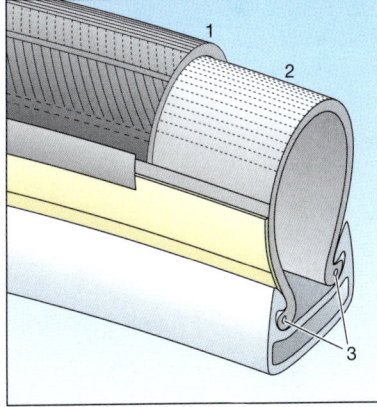

Nahtschutzband überzogen. Die Reifenlauffläche besteht aus einem Protektor mit Profil.

Als echte Alternative auch für Rennräder wurden die bekannten **Drahtreifen** zu sportlich dünnen Hochdruckreifen weiterentwickelt. Der Draht verstärkt den Wulst, der im »Horn« der Felge Halt findet. Es gibt auch »Drahtreifen« ohne Draht, bei denen der Draht durch neue Materialien ersetzt wurde, zum Beispiel durch Aramidfasern. Diese drahtlosen »Drahtreifen« kann man falten wie einen Schlauchreifen.

Messungen haben eine erstaunliche Tatsache ergeben: Der **Rollwiderstand** eines Reifens ist bei allen Reifen mit gleichem Luftdruck annähernd gleich! Die durch die Rollreibungskraft verlorene Energie hängt nämlich von der Walkarbeit des Reifens ab – und die ist wiederum abhängig von der Aufstandsfläche des Reifens. Ein schlaffer Reifen kann viel mehr walken – und das kostet die Kraft des Fahrers. Bei einem Reifendruck von 7 bis 10 bar ist der Rollwiderstand am geringsten.
Das sind auch die üblichen Reifendrücke bei Rennrädern. Um diesen Druck exakt herzustellen, braucht man allerdings eine Fußpumpe mit Druckanzeiger. Bei richtig aufgepumpten Reifen nimmt die Bedeutung der Rollreibung mit zunehmender Geschwindigkeit ab. Den größten prozentualen Anteil hat sie vielleicht noch im Geschwindigkeitsbereich

von 10 bis 25 km/h, wobei der Rollwiderstand 20 bis 60% des Gesamtwiderstandes ausmachen kann. Bei höherer Geschwindigkeit gewinnt der Luftwiderstand zunehmend an Bedeutung, während der Rollwiderstand zum Beispiel bei einer Geschwindigkeit von 40 km/h nur noch knapp 10% des Gesamtwiderstandes ausmacht. Bei höheren Geschwindigkeiten werden aerodynamische Gesichtspunkte zunehmend wichtiger, also die Breite des Reifens. Sie liegt bei Rennreifen – Schlauchreifen wie Drahtreifen – um 22 bis 23 mm. Das Gewicht des Reifens spielt nicht die große Rolle, wie man oft glaubt. Der Reifen liegt zwar am äußeren Ende der Schwungmasse Laufrad – er läuft aber, wenn er einmal in Schwung ist. Bedeutung hat das Reifengewicht nur beim Beschleunigen und Bergauffahren. Bei Straßenrennen auf Asphalt benutzt man meistens Reifen mit einem Reifengewicht von 220 bis 230 g, auf schlechter Straße solche von 280 bis 300 g, während Trainingsreifen 350 bis 380 g wiegen können. Schließlich ist die Bodenhaftung wichtig. Sie ist um so besser, je

weicher der Reifenbelag ist. Dann ist aber auch der Verschleiß größer. Diesem Gesetz zufolge verschleißen leider gute, teure und federleichte Rennreifen relativ schnell. Ein erstrebenswerter Kompromiß für den Straßenfahrer ist daher ein leichter Rennreifen mit einer eher harten, abriebfesteren Gummimischung im Protektor. Die gute Verarbeitung eines Reifens hat ihren Preis, gewährleistet aber auch, daß der Reifen nach dem Aufziehen auf die Felgen wirklich rund läuft, während billige Reifen einen oftmals wegen ihrer unregelmäßigen Laufeigenschaften zur Verzweiflung bringen können.

Schlauchreifen oder Drahtreifen?

Eingefleischte Radsportler werden sich auch heute noch für den Schlauchreifen entscheiden – weil es eben immer so war. Bei einer Reifenpanne hat man stets einen Ersatzreifen dabei. Was macht man aber nach der zweiten Reifenpanne? Drahtreifen sind heute fast so leicht und genauso schmal wie Schlauchreifen – außerdem muß man mit Drahtreifen keinen Ersatzreifen mitnehmen,

Reifen-Richtwerte je nach Verwendungszweck

	Karkasse	Reifengewicht (g)	Reifendruck (bar)	Reifenbreite (mm)
Training (Straße)	Baumwolle	350–380	7–8	22–23
Rennen (Asphalt)	Baumwolle	180–230	8–10	20–22
Rennen (schlechte Straße)	Baumwolle	280–300	7–9	22–23

da man den Reifen selbst flicken kann. Praktischer ist es jedoch, ein bis zwei Ersatzschläuche in der Satteltasche mitzunehmen. Ein weiterer Nachteil nach einer Reifenpanne ist bei Schlauchreifen, daß sie dann nicht mehr fest auf der Felge sitzen, da sie aufgekittet werden müßten, der Kitt aber ca. 24 Stunden benötigt, um seine volle Festigkeit zu entfalten. Besonders bei Paßfahrten kann ein nicht fest sitzender Ersatzreifen gefährlich sein. Der Radsportler wird also überlegen, ob er nicht doch für das Training, für längere Wanderfahrten oder für Paßfahrten Felgen mit Drahtreifen fährt.

Bei Radrennen wird nach einem Defekt ein vollständiges Laufrad angereicht. Übrigens sollte man sich das Aufziehen eines Schlauchreifens auf die Felge von einem Fachmann genau zeigen lassen, damit man alles richtig macht. Die Beschreibung dieser Technik würde den Rahmen dieses Büchleins sprengen (siehe aber auch S. 40/41).

Reifenlagerung und Reifenpflege

Gute Reifen müssen abgelagert sein wie alter Wein. Ein Reifen, der zu frisch ist, läuft nämlich nicht optimal und ist außerdem defektanfälliger als ein abgelagerter Reifen. Man sollte einen Reifen zunächst ein oder zwei Jahre in einem kühlen, halbdunklen Raum lagern, wobei man ihn auf eine Felge legt und wenig aufpumpt. Während dieser Zeit kann die Gummilösung durchhärten, gewisse flüch-

tige Bestandteile der Gummimischung können verdunsten: der Gummi reift und härtet aus. Sehr gut bewährt hat es sich, die Reifen in dieser Zeit mit Silikon-Gummispray einzusprühen, damit sie nicht austrocknen und der Protektor geschmeidig bleibt.

Bremssystem

Bremsen und Bremsgriffe

Bei den mit dem Rennrad erzielten hohen Geschwindigkeiten sind zuverlässige, stark wirksame Bremsen lebenswichtig. Es werden ausschließlich Felgenbremsen verwendet. Man unterscheidet Seitenzug- und Mittelzugbremsen. Für beide Bremstypen gibt es Argumente. Die Vorteile der Seitenzugbremse überwiegen jedoch, so daß die meisten Profis diesen Bremstyp bevorzugen. Die Distanz zwischen den Bremsgummis und den

Montage des Bremsschuhs und Einschieben des Bremsgummis in Fahrtrichtung: der Bremsschuh muß vorne in Fahrtrichtung geschlossen sein!

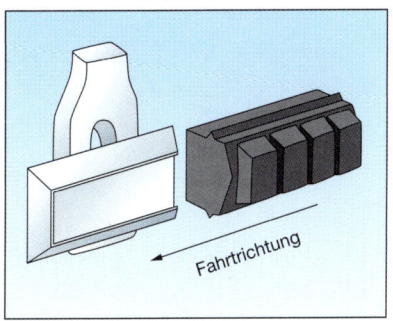

Fahrtrichtung

35

Felgen sollte ca. 2 bis 3 mm betragen. Bei angezogener Bremse müssen die Bremsgummis mit der ganzen Fläche der Felge anliegen. Man beachte auch die einfache Tatsache, daß die Bremsschuhe in Fahrtrichtung geschlossen sein müssen! Die Bremsgriffe sollen so am Lenker befestigt sein, daß man ohne Schwierigkeiten sowohl von oben wie auch von unten bremsen kann, wobei der Bremsgriff bei voll angezogener Bremse nicht den Lenker berühren sollte. Die stärkere Kraft sollte auf die Bremse des Hinterrades einwirken. Deswegen wird bei Rechtshändern der Bremsgriff für die hintere Bremse rechts am Lenker befestigt. Aus aerodynamischen Gründen können die Bremszüge im Lenker oder unter dem Lenkerband verlegt werden. Außerdem wird bei Zeitfahrmaschinen die vordere Felgenbremse oft hinter der Gabel montiert.

Die klassische Bremsgriffanordnung

Sattel und Sattelstütze

Der Sattel ist ein sehr wichtiger Bestandteil des Rennrades. Das wird dem angehenden Radsportler schon sehr bald bewußt. Der Rennsattel ist relativ hart und schmal, damit eine enge Beinführung möglich ist. Früher gab es nur Ledersättel. Auch heute werden sie noch manchmal verwendet. Ein Ledersattel muß vor Gebrauch eingefettet und präpariert werden. Mit einer Spannschraube kann man Härte und Druckstellen des Sattels regulieren. Nach jeder Regenfahrt muß man einen Ledersattel erneut pflegen, damit er seine Form behält und das Leder elastisch bleibt. Nachteilig ist sein relativ hohes Gewicht von ca. 600 g. Meistens werden jedoch Plastiksättel verwendet, die mit Schaumstoff gepolstert und mit Glatt-, Wild- oder Büffelleder überzogen werden. Sie brauchen keine Pflege, sind leichter, wiegen etwa 300 bis 350 g. Ein Kunststoffsattel mit Aluminiumgestell kann sogar nur

Standard-Seitenzugbremse (Campagnolo)

links:
Schmaler
Rennsattel

rechts:
Damen-Renn-
sattel, anato-
misch ange-
paßt und
gepolstert

160 bis 250 g wiegen, wobei man dem Aluminiumgestell sogar bessere Federungseigenschaften zuschreibt. Trotzdem dürfte ein Aluminiumgestell für schwerere Fahrer über 75 kg nicht stabil genug sein. Für Radsportlerinnen gibt es spezielle anatomische Sattelformen mit kürzerer Sattellänge. Der Sattel wird von der Sattelstütze aufgenommen, die eine stufenlose Einstellung des Sattels ermöglicht. Abgesehen von der Sattelhöhe und der Sattelstellung (siehe S. 54 f.) sollte der Sattel, am besten mit einer Wasserwaage, genau waagerecht eingestellt sein. Sattelstützen werden in 0,2 mm-Abstufungen von 25 bis 27,2 mm Durchmesser angeboten. Die Sattelstütze muß genau in das Sitzrohr des Rahmens passen und mindestens 6 cm in das Sattelrohr hineinreichen. Zu lange Sattelstützen bedeuten andererseits überflüssiges Gewicht.

Zubehör

Richtig komplett aber ist ein Rennrad erst mit dem notwendigen Zubehör:

Ersatzreifen, Luftpumpe, Flaschenhalter mit Trinkflasche. Erwähnt sei auch ein nicht unbedingt notwendiges, aber praktisches Zubehör: der Fahrradcomputer.

Ersatzreifen

Wer mit Schlauchreifen trainiert, sollte immer mindestens einen Ersatzreifen bei sich haben, besser sogar zwei; denn nach einer Reifenpanne wäre man sonst ohne Ersatzreifen. Im Radrennen genügt wegen der Gewichtsersparnis ein Ersatzreifen, falls man nicht von einem Materialwagen versorgt wird. Der Ersatzreifen wird hinten unter dem Sattel befestigt, entweder mit einem Pedalriemen oder in einer Reifentasche. Man kann ihn auch im Flaschenhalter oder in einer Tasche des Trikots unterbringen. Ein Ersatzreifen sollte immer ein gebrauchter Reifen sein, da nur der sich leicht auf die Felge aufziehen läßt. Man legt ihn auf ein kleines Format zusammen und wickelt ihn in wasserdichtes Material; denn ein nasser Ersatzreifen hält schlecht auf der Felge.

Luftpumpe

Ein Ersatzreifen ohne Luftpumpe nützt natürlich nichts. Trotzdem wird die Luftpumpe manchmal vergessen. Luftpumpen für Rennräder sind meistens aus Kunststoff und daher sehr leicht. Neben dieser Luftpumpe am Rennrad für unterwegs ist zusätzlich eine Fußpumpe mit Manometer für zu Hause zu empfehlen, damit man vor Beginn einer jeden Fahrt exakt den optimalen Reifendruck erzielen kann.

Große Trinkflasche mit Flaschenhalter

Flaschenhalter

Flaschenhalter aus Dur-Aluminium wiegen nur knappe 50 g. Sie werden am Schrägrohr des Rahmens mit Schrauben befestigt. Es gibt auch Plastik-Befestigungen, um Rostbildung zu vermeiden. Bei Zeitfahren, Bergrennen und Rundstreckenrennen wird der Flaschenhalter nicht benötigt und wegen des Luftwiderstandes abmontiert.

Trinkflasche (Bidon)

Die von Radsportlern benutzte Trinkflasche besteht aus Kunststoff. Der Flaschenverschluß ist so konstruiert, daß man die Kappe während der Fahrt mit dem Daumen oder dem Mund öffnen kann. Der Inhalt einer Trinkflasche beträgt normalerweise 0,5 l. Maxi-Trinkflaschen, besonders für Triathleten entwickelt, fassen ca. 0,7 Liter. Da der Luftwiderstand einer runden Trinkflasche nicht ganz unerheblich ist – er liegt in der Größenordnung des Luftwiderstandes der Reifen – gibt es aerodynamisch geformte schmale Trinkflaschen. Thermoflaschen mit oder ohne Hüllen bieten in der kalten Jahreszeit ein warmes, in der heißen Jahreszeit ein kühles Getränk. Es gibt auch Isolierhüllen, die man über die Flasche ziehen kann.

Computer – der Trainer am Rennrad

Die Technik mit ihren Mikrochips, Auslöser der dritten industriellen Revolution, hat den Radsportlern Kilometerzähler geschenkt, die unter anderem auch Kilometer zählen können. Es gibt aber nur wenige dieser technischen Wunder, die sich auf diese Aufgabe beschränken. Der Radsportler findet es weit interessanter, diesen kleinen technischen Wundern noch andere Daten zu entlocken: Neben der augenblicklichen Geschwindigkeit auch die Durchschnittsgeschwindigkeit, die Höchstgeschwindigkeit, die bisher zurückgelegte Tagesstrecke und die Gesamtkilometerzahl der Saison. Einige Computer zeigen auch die Tretfrequenz in Pedalumdrehungen pro Minute an und erlauben eine Messung des Pulses. Die Funktion als Pulsmeßgerät erfordert weiteres Zubehör, meist mit einem Brustband, von dem aus über Funk die Signale der Herzfrequenz zum Computer gesendet werden. Es gibt batteriebetriebene Computer, deren Batterie eine Mindest-Lebensdauer von einem Jahr hat, sowie Computer mit Solarzellen. Alle genannten Informationen können von einer Elektronik geliefert werden, die mühelos in die Größe einer Streichholzschachtel paßt – und gleichzeitig soll alles wetter- und rüttelfest untergebracht werden. Inzwischen erfüllen die Computer diese Bedingungen. Viele Funktionen, die sonst von einem Trainer aus Fleisch und Blut ausgeübt werden, können vom Computer vermittelt werden: Man kann die als Trainingsaufgabe geplante Intensität kontrollieren, und zwar nach Geschwindigkeit, Tretfrequenz und vor allem auch nach der Pulsfrequenz. Dies sollte allerdings nicht dazu führen, daß man bei jedem Training versucht, die Werte der vorhergehenden Trainingseinheit zu übertreffen. Gerade Festlegung der Trainingsintensität mit Abwechslung der Tretgeschwindigkeit und Übersetzungen ist eine Kunst, die vorher in einem klug durchdachten Trainingsplan festgelegt werden sollte (siehe S. 106 ff.). Bei der Umsetzung und Kontrolle dieser Trainingsaufga-

Fahrradcomputer, am Lenker montiert, stoßfest und wasserdicht

ben sind Computer eine große Hilfe. Außerdem kann man die Werte nach Ableistung des Trainings exakt in ein Trainingsbuch übertragen. Die Abweichungen der Computer untereinander sind recht gering, im Test bei maximal $1/1000$, d.h., bei einer auf dem Prüfstand gefahrenen Strecke von 3000 km betrug die maximale Abweichung 3 km. Voraussetzung ist aber, daß vorher die Größe der Laufräder genau in den Computer eingegeben wurde.

Wartung, Pflege, Materialkontrollen

Wegen der Sicherheit ist es notwendig, regelmäßige Materialkontrollen durchzuführen. Außerdem sollte man die wichtigsten Handgriffe wie Reifenmontage, Kettenwechsel, Zahnkranzwechsel und Zentrierung der Speichen beherrschen. Folgende Kontrollen soll man vor jeder Ausfahrt durchführen:

39

- Runder und sauberer Lauf der Laufräder
- Gleichmäßige Spannung aller Speichen
- Fester Sitz der Naben-Schnellspanner
- Überprüfung auf Reifenschäden (Defekte im Protektor, lose Gewebefäden in der Karkasse)
- Richtiger Reifendruck
- Richtige Einstellung der Bremsen: Bremsschuhe parallel zur Felgenauflagefläche, dürfen Reifen nicht berühren; richtiger Sitz der Bremsklötze; kurze Hebelwege bei den Bremsgriffen, etwa ein Viertel des möglichen Hebelweges
- Richtige Einstellung der Schaltung: sauberer Wechsel vom großen auf das kleine Kettenblatt und umgekehrt; sauberer Lauf der Kette hinten am größten und am kleinsten Ritzel ohne Berührung der Speichen oder des Rahmens

Reifenmontage

Schlauchreifen müssen auf die Felge geklebt werden, entweder mit Kitt oder mit Felgenklebeband. Dem Anfänger kann das Aufziehen eines Reifens Schwierigkeiten bereiten. Daher sind einige Tips wichtig: Das Aufkleben mit Felgenklebeband ist sauber, einfach und sicher. Nur bei längeren Bergfahrten kann durch die Wärmeentwicklung beim Bremsen die Haftung etwas geringer sein als bei aufgekitteten Reifen, die vor allem Profis ausschließlich benutzen. Der Kitt kann jedoch austrocknen, so daß auch dann der Reifen nicht mehr rich-

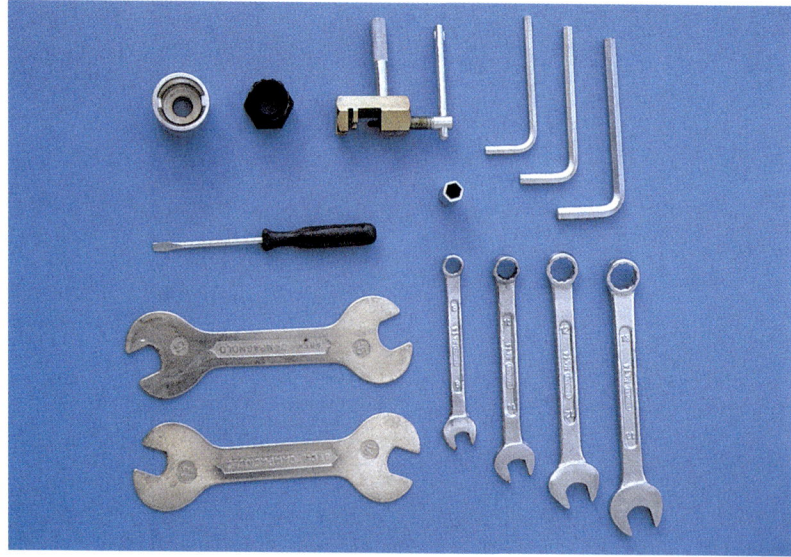

Empfehlenswertes Werkzeug für die Wartung des Rennrades

tig haftet. Radrennfahrer bekommen daher fast zu jedem Rennen Laufräder mit neu aufgekitteten Reifen. Dadurch wird diese Gefahr vermieden. Prinzipiell sollte jeder neue Reifen vor der Montage erst einmal auf eine Felge ohne Band oder Kitt aufgezogen werden, damit er gedehnt wird. Dadurch wird die endgültige Montage erleichtert. Zur Montage sollen keine scharfen oder kantigen Werkzeuge verwendet werden.

Auf eine neue Felge sollte zuerst ein Kittbett aufgetragen werden, durch drei- bis mehrmaliges Auftragen des Kittes mit zwischenzeitlicher Trockenzeit von etwa einem Tag. Das Aufkleben eines Reifens auf eine Felge mit Kittbett erfolgt etwa zehn Minuten nach Auftragen des Kittes. Der Reifen wird wenig aufgepumpt, so daß er gerade rund ist. Man stellt das Laufrad vor sich, steckt das Ventil in die Felge, faßt den Reifen fest mit beiden Händen und zieht ihn nach unten, mit ständigem Druck der Daumen immer weiter, bis man den letzten Rest über den Felgenrand hebt. Es ist ein guter Tip, die Felge gegenüber dem Ventil auf eine Strecke von ca. 5 cm frei von Reifenkitt oder Felgenband zu lassen, damit man nach einem Reifendefekt hier leichter mit dem Abziehen des Reifens beginnen kann.

Mit Felgenklebeband verfährt man folgendermaßen: Die neue Felge muß frei von Fett und Öl sein. Das Band wird knapp neben dem Ventilloch beginnend auf die Felge geklebt. Danach wird das Band mit einem runden Holz, Hammer- oder Schrauben-

ziehergriff fest auf die Felge gerubbelt, damit das Band sich mit der Felge fest verbindet und die dem Reifen zugewandte Klebeseite aufgerauht wird. Auf die Felge gegenüber dem Ventilloch klebt man aus den oben genannten Gründen einen ca. 5 cm langen Papierstreifen. Das Band wird nun mit etwas Wasser benetzt – und dann wird der Reifen wie oben beschrieben aufgezogen. Nach der Montage, gleichgültig ob gekittet oder mit Band aufgeklebt, wird der Reifen auf ca. 5 bar aufgepumpt und mit den Fingern und den Handballen auf der Felge ausgerichtet, damit er gerade läuft.

Merke

Ein mit Felgenklebeband aufgeklebter Schlauchreifen ist sofort fahrbereit, während ein gekitteter Reifen auf 5 bar aufgepumpt etwa 10 Stunden trocknen sollte.

Kettenpflege

Die Kette sollte besonders nach Regenfahrten und bei stärkerer Verschmutzung regelmäßig gereinigt werden. Früher hat man dies mit Pinsel und Benzin oder Petroleum getan. Jetzt gibt es sehr praktische und saubere Kettenreinigungsvorrichtungen, die man mit Reinigungsflüssigkeit gefüllt über die Kette stülpen kann. Die Reinigung vollzieht sich, wenn man die Kette durch die Drahtbürsten dieser Vorrichtung zieht, bis sie sauber ist. Nach dieser Reinigung sollte die Kette immer gut eingefettet werden.

Zusammen-
fügen der
Kettenglieder

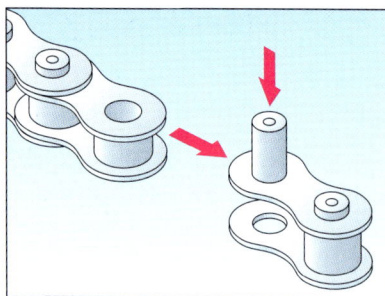

Kettenglieder zusammenfügt und dann mit dem Nietendrücker die Niete wieder hineinschiebt, so daß sie auf der anderen Seite etwa 1 mm hervorsteht, wie bei den anderen Kettengliedern. Danach prüft man die freie Beweglichkeit dieses Kettengliedes. Man kann sie im Bedarfsfall durch leichtes seitliches Hin- und Herbiegen der Kette verbessern.

Kettenwechsel

Wenn man eine Kette zu lange verwendet, »längt« sie sich, scheuert an den Zähnen des Zahnkranzes und nutzt diesen ab, so daß man dann Kette und Zahnkranz gleichzeitig erneuern muß, da sonst die neue Kette aus dem abgenutzten Zahnkranz springt (siehe auch S. 26). Man sollte daher nicht so lange warten, bis die Kette gelängt ist, sondern sie ruhig öfter wechseln. Die Kosten für einen häufigeren Kettenwechsel werden durch die längere Lebensdauer des Zahnkranzes aufgewogen. Man sollte daher die Technik beherrschen, wie man die Kette montiert, demontiert, kürzt oder verlängert – der Arbeitsvorgang ist immer der gleiche. Man braucht dazu nur einen Kettennietendrücker (siehe Abb. S. 40) oder eine Nietzange, mit der man die Niete aus einem Kettenglied herausdrücken kann, aber so, daß die Niete noch mit dem Ende in der Lasche hängt. Nun wird die Kette am anderen Ende auf die richtige Länge gebracht (siehe S. 25). Man schließt die Kette zusammen, indem man die

Zahnkranzwechsel

Sowohl zur Veränderung der Übersetzung wie auch zum Einsatz einer Speiche auf der Zahnkranzseite muß man in der Lage sein, den Zahnkranz selbst zu wechseln. Dazu ist als Werkzeug ein Zahnkranzabnehmer (siehe Abb. S. 40) notwendig, den es in verschiedenen Ausführungen gibt, sogar in der Größe einer Streichholzschachtel, 30 bis 50 g leicht, so daß er in jede Reifen- oder Trikottasche paßt. Der Abnehmer muß zum jeweiligen Zahnkranztyp passen. Er dient dazu, den zumeist aufgeschraubten oder aufgesteckten Zahnkranz »abziehen« zu können.

Zentrieren

Das vollkommene Zentrieren eines Laufrades ist eine Kunst, die große Erfahrung voraussetzt. Das einfache Anziehen lockerer Speichen oder das grobe Zentrieren größerer Abweichungen der Felge nach der Seite oder nach der Höhe ist dagegen nicht so schwer. Man braucht dazu einen Nippelspanner (siehe Abb.

S. 40), den es bereits in sehr kleinen und handlichen Größen gibt. Zentrieren muß man immer langsam und mit Geduld. Schlägt zum Beispiel die Felge nach links, so zieht man die entsprechenden Speichen rechts zunächst um je eine Nippelumdrehung an. Dabei muß man immer darauf achten, daß die Spannung nicht zu hart wird. Das Anziehen soll man immer auf mehrere Speichen verteilen. Gleichzeitig muß man auf der anderen Seite die entsprechenden Speichen um die gleiche Nippelumdrehung lockern. Also immer abwechselnd: rechts fest, links los, rechts fest usw., bis die Felge wieder gerade läuft.

Radsportbekleidung

Die Wettkampfbestimmungen für den Straßenrennsport der Sportordnung des Bundes Deutscher Radfahrer e. V. besagen zur Sportkleidung: »Die Teilnehmer von Straßen-, Rundstrecken- und Querfeldeinrennen sowie Kriterien müssen Rennschuhe, Rennhose und Trikots tragen.« Außerdem ist bei Wettkämpfen das Tragen einer Sturzkappe oder eines -helms Pflicht.
Das ist natürlich nur die Mindestausstattung. Prinzipiell werden jedoch an

Radsportkleidung im Sommer:
Trikot, Rennhose, Handschuhe, Helm oder Sturzkappe, Schutzbrille, Radsportschuhe

die Bekleidung des Radsportlers um so mehr Ansprüche gestellt, je häufiger und länger er trainiert. Wer nur bei Sonnenschein fährt, kommt mit einem Mindest-Kleidungssortiment aus. Wer jedoch im Leistungs- und Hochleistungsbereich während des ganzen Jahres bei jeder Witterung trainiert, muß auch für entsprechende Kleidung sorgen, etwa nach dem Motto: Es gibt kein schlechtes Wetter, sondern nur schlechte Kleidung.

Das Kleidungssortiment eines gut ausgerüsteten Radsportlers sollte folgendes enthalten:

- Rennhosen (kurze und lange Hosen, »Beinlinge«)
- Radschuhe (Sommer- und Winterausführung, Regenüberschuhe, Thermo-Überschuhe)
- Kurze weiße Socken
- Trikots (kurzer und langer Arm, »Ärmlinge«)
- Spezialunterwäsche (Unterhemden)
- Handschuhe (Fingerhandschuhe im Sommer, warme Handschuhe im Winter)
- Kopfbedeckungen (Sturzhelm, Sturzkappe, Rennmütze, Stirnband, Wollmütze)
- Regenjacke, Windjacke
- Rennanzug (Zeitfahren, Triathlon)
- Thermoanzug
- Schutzbrille

Rennhose

Sie ist das wichtigste Kleidungsstück des Radsportlers. Sie besteht aus dehnbaren Kunstfasern und einem Le-

dereinsatz aus feinstem Hirschleder. Die Hosenbeine müssen faltenlos eng anliegen und sollen mindestens die Hälfte der Oberschenkel bedecken, damit deren Innenseite nicht am Sattel scheuert.

Früher trug man Rennhosen mit Hosenträger, heute gibt es praktische Latzhosen, bei denen die Träger eingearbeitet sind. Obwohl zunehmend weichere Ledersorten entwickelt wurden, sollte man bei Sitzbeschwerden nicht trocken »im Leder« sitzen, sondern man bestreicht das Innenleder mit einer speziellen Sitzcreme oder auch mit einer einfachen Glyzerincreme oder Vaseline. Wenn man schön eingefettet »im Leder« sitzt, beugt man Sitzbeschwerden, Haarbalgentzündungen und oftmals recht unangenehmen Furunkeln an der Sitzfläche vor. Besonders bei einer neuen oder frisch gewaschenen Rennhose soll man mit dem Einfetten des Sitzleders großzügig sein, insbesondere im Bereich der Nähte. Bei Kälte schützt man die Beine entweder durch sog. »Beinlinge«, die man wie Strümpfe bis über die Hosenbeine der kurzen Rennhose streift, oder durch eine lange Rennhose, die man über die kurze Rennhose anzieht.

Radschuhe

Man kann auch mit Turnschuhen in die Rennpedale treten. Das macht man auch bei großer Kälte im Winter. Aber ansonsten sollte sich der Radsportler, der etwas auf sich hält, doch richtige Radschuhe zulegen;

denn sie sind nicht umsonst entwickelt worden. Der Radschuh dient nämlich der optimalen Kraftübertragung auf das Rennpedal. Dabei liegt die Hauptbelastung in der Gegend des Großzehengrundgelenkes. Der Radschuh schützt dieses durch eine steife, dicke Sohle und gibt dem Fuß bei der Pedalumdrehung Führung durch die Pedalklammer an der Schuhsohle (siehe S. 20 und 59). Bei den zwei bis drei Millionen Pedalumdrehungen, die ein Radsportler jährlich ausführt, sind das wichtige biomechanische Voraussetzungen.

Ein guter Radschuh soll folgende Bedingungen erfüllen:
Er soll dem Fuß möglichst eng anliegen, ohne den Blutkreislauf zu behindern und ohne zu drücken. Er soll eine steife, gelochte Sohle haben, damit Luft zirkulieren und bei Regen das eingedrungene Wasser abfließen kann. Sein Gewicht soll möglichst gering sein.
Über die Pedalklammern an der Schuhsohle soll er zusammen mit dem Pedal eine Einheit bilden.
Wegen der Bedeutung der Radschuhe sollte man sich nur beste Qualität aussuchen. Wegen des notwendigen engen Sitzes kauft man sich eher knapp sitzende Radschuhe, lieber eine halbe Nummer kleiner; denn durch die Beanspruchung und durch Nässe dehnen sie sich allmählich aus. Mit den neuen, knapp sitzenden Radschuhen stellt man sich am besten in lauwarmes Wasser und schließt dann eine Trainingsfahrt mit diesen nassen Schuhen an. So bekommt der Schuh die gewünschte Paßform. Man sollte mit den Radschuhen möglichst wenig zu Fuß gehen, da sonst die Festigkeit der Sohle nachläßt. Deswegen zieht man die Radschuhe erst kurz vor Besteigen des Rennrades an und zieht sie nach Ende der Fahrt sofort wieder aus. Es versteht sich von selbst, daß man seine Radschuhe sehr sorgfältig pflegen sollte. Wenn sie bei Regenwetter naß geworden sind, stopft man sie mit Zeitungspapier aus und läßt sie an der Luft trocknen, keinesfalls auf der Heizung, da sonst das Leder spröde und brüchig wird. Die an der Luft getrockneten Radschuhe bürstet man gründlich sauber und fettet sie mit einer guten, imprägnierenden Lederschuhcreme ein.

An den Sohlen der Radschuhe werden die **Pedalklammern** befestigt (siehe S. 20 und 59), die eine innige Verbindung zwischen Rennschuh und Rennpedal herstellen. Dadurch wird ein idealer Bewegungsablauf mit einer runden Tretbewegung und paralleler Beinführung erleichtert.

Die richtige Fußbekleidung: kurze weiße Socken, Radsportschuh mit Schuhplatte und Klickpedal

45

Bei Regen schützt man Schuhe und Füße gegen Nässe durch spezielle Regenüberschuhe. Für die kalte Witterung gibt es **Thermo-Überschuhe**. Bei Kälte kann man sich aber auch dadurch behelfen, indem man über die normalen Radschuhe ein Paar dicke Socken anzieht.

Rennsocken

Sie sind weiß, eng anliegend und kurz. Radsportler benutzen normalerweise keine langen Socken, die bis zu den Waden reichen. Sie sollten kurz über den Knöcheln enden. Sie sind aus Wolle oder Baumwolle. Farbige Socken sehen bei einem Radrennfahrer nicht gut aus.

Renntrikot

Ein Trikot für Radsportler soll elastisch, luftdurchlässig und schweißaufsaugend sein. Es soll dem Körper eng anliegen und trotzdem bequem sitzen, die Atmung nicht behindern und während der Fahrt nicht flattern. Bei der vornübergebeugten Sitzposition auf dem Rennrad soll das Trikot auch hinten den unteren Teil des Rückens gut bedecken. Früher trugen Radrennfahrer Trikots aus reiner Wolle oder aus Mischungen von Wolle mit Acrylgarnen. Heute sind die Profitrikots der internationalen Rennställe meistens aus Polyester-Mischgewebe. Es gibt auch Trikots mit Geweben aus zwei Schichten, innen atmungsaktives und außen windabweisendes Gewebe (z.B. Dunova®, Trevira®, Gore-

Tex®). Auf jeden Fall muß der entstehende Schweiß möglichst schnell nach außen abgeleitet werden, da man sich sonst bei den hohen Geschwindigkeiten im Radsport und bei Bergabfahrten unterkühlen und erkälten kann. Ideale Verhältnisse sind gegeben, wenn das Gewebe atmungsaktiv ist und trotzdem gegen Wind schützt. Wie es so ist: Inzwischen gibt es auch wieder Trikots aus speziellen, sehr dehnbaren und technisch behandelten Wollfasern, die es in bezug auf die genannten Bedingungen mit den synthetischen Fasern aufnehmen. Gemäß den Bestimmungen der Sportordnung des Bundes Deutscher Radfahrer e.V. über Werbung am Mann dürfen bei Radrennen Trikots mit Reklameaufschriften benutzt werden, wenn diese in ihrer Höhe 16 cm nicht überschreiten. Auf dem Ärmeln ist nur eine Zeile mit maximaler Höhe von 5 cm zulässig. Werbung für Alkohol und Tabakwaren ist ausgeschlossen! Entsprechend den Beinlingen für die Beine gibt es Ärmlinge für die Arme bei kälterer Witterung oder für das Warmfahren vor Radrennen. Natürlich sollte man sich auch langärmlige Trikots für die kältere Jahreszeit zulegen.

Handschuhe

Auf Handschuhe sollte man nicht verzichten. Sie werden auch Bremshandschuhe genannt, weil Bahnfahrer, deren Rennmaschinen keine Bremsen besitzen, mit den Handschuhen auf den Vorderreifen greifen, um so zu bremsen. In der Handfläche sind diese Handschuhe aus weichem Leder, im Bereich des Handrückens aus Strickstoff oder Kunststoff. Das Leder in der Handfläche ist abgesteppt, wirkt als dünne Polsterung gegen Stöße des Lenkers und verhindert Blasenbildungen bei längeren Fahrten. Die Fingerlinge sind kurz. Es gibt auch Handschuhe, die ganz aus weichem Leder, das strapazierfähig und saugfähig sein muß, gearbeitet sind (z. B. Peccary-Leder). Handschuhe soll man beim Kauf persönlich anprobieren, da sie eng anliegen, aber nicht einschnüren sollen. Zu große Handschuhe geben Falten beim Zugreifen am Lenker. Nach Fahrten über Splitt oder schlechte Straßen legen Radsportler die behandschuhte Hand während der Fahrt auf den Reifen, um kleine Steinchen oder Fremdkör-

Die am meisten gebrauchte Handschuhart mit gestricktem Rücken

per zu entfernen. Im Falle eines Sturzes werden die Hände durch Handschuhe vor Abschürfungen geschützt. Für die kalte Witterung im Winter gibt es spezielle Thermo-Handschuhe.

Sturzhelm und Sturzkappe

Bei Radrennen ist zumindest eine Sturzkappe vorgeschrieben. Sie besteht aus gepolsterten, festen Leder-

Schutzhelme und Sturzkappen

streifen. Sie wird mit einem Riemen unter dem Kinn befestigt. Sicherer sind aber Sturzhelme, die aus Kunststoff angefertigt sind und ein geringes Gewicht haben. Trotzdem sind sie bei großer Hitze etwas unangenehmer zu tragen als Sturzkappen. Wegen der besseren Sicherheit sollte man Sturzhelme aber trotzdem bevorzugen, besonders Anfänger, da sie erfahrungsgemäß durch Stürze mehr gefährdet sind. Profis sind hier etwas großzügiger und verzichten meist auf den Kopfschutz – das sollte aber nicht zur allgemeinen Regel für alle werden. Wichtig ist, den Riemen des Schutzhelmes fest genug anzuziehen, damit der Helm im Falle eines Sturzes nicht verrutscht.

Rennmütze und Stirnband

Eine Rennmütze schützt den Kopf vor Sonneneinstrahlung, der Mützenrand saugt den Schweiß auf. Den gleichen Zweck erfüllt ein Stirnband. Es soll verhindert werden, daß der Schweiß in die Augen läuft. Eine Rennmütze dient aber auch als Schutz gegen Unterkühlung der Kopfhaut bei Bergabfahrten, vor allem bei heißer Witterung, wenn das Kopfhaar durch die

Rennanzug in einem Stück aus ganz leichtem Material

vorhergehende Bergauffahrt schweiß-
naß ist. Für den Winter gibt es spezielle Wollmützen, die auch die Ohren
schützen.

Regenjacke

Die Regenjacke schützt gleichzeitig
gegen Nässe und Kälte. Früher wurde sie bei warmem Wetter von Radrennfahrern kaum benutzt, da man
wegen der geringen Luftdurchlässig-
keit darunter zu stark schwitzte. Heute gibt es jedoch wasserdichtes und
zugleich luftdurchlässiges Material
(z. B. Gore-Tex®). Die Regenjacke hat
vorne einen Klettverschluß und hinten
ein verlängertes Rückenteil, das bis
über das Gesäß hinabreicht. Zusam-
mengerollt paßt diese Regenjacke in
eine Trikottasche.

Rennanzug

Der Rennanzug besteht aus einem
einzigen Stück, das vorne im Oberteil
durch einen Reißverschluß geschlossen wird. Das Material besteht aus
seidenglänzendem Kunststoff mit glatter Oberfläche und liegt eng auf der
Haut an. Dadurch wird ein geringer
Luftwiderstandsbeiwert erreicht. Renn-
anzüge werden besonders bei Zeitfahren und Bergrennen benutzt, also
bei Rennen, bei denen man keine
Taschen für Proviant benötigt.
Für die Radsportdisziplin im Triathlon
haben sich spezielle **Triathlonanzüge**
bewährt, mit denen man schwimmen,
radfahren und laufen kann. Dadurch
spart man das zeitraubende Umzie-

hen zwischen den einzelnen Disziplinen. Sie bestehen z. B. aus Polyamid-
Lycra-Mischgewebe und haben anstelle eines Sitzleders einen schnell
trocknenden Velourseinsatz.

Thermobekleidung bei großer Kälte

Stark wärmendes, windundurchlässi-
ges Material ist Voraussetzung dafür,
daß man auch bei großer Kälte trainieren kann. Aus diesem Material
gibt es ganze Anzüge, einzelne
Jacken, Latzhosen, Handschuhe,
Überschuhe und Mützen. Praktisch
sind auch Trainingsjacken, vorne mit
Nylonbeschichtung als Schutz gegen
den Fahrtwind. Für unverwüstliche
Radsportler gibt es auch Allwetteran-
züge mit Kapuze, Mundschutz und

Thermoanzug:
empfehlens-
wert für Sport-
ler, die auch
in der kalten
Jahreszeit
fahren

49

Ein altbewährtes Rezept: Eine Lage Zeitungspapier gegen den kühlen Fahrtwind bei der Abfahrt

kühler Witterung empfiehlt es sich, mehrere Lagen an Unterhemden und Trikots anzuziehen, da jede dazwischenliegende Luftschicht einen isolierenden Wärmeschutz darstellt. Wenn man nicht über die vorne genannte Thermokleidung verfügt, oder wenn es noch nicht so kalt ist, daß sie notwendig wäre, kann man sich auf einfache Weise vor dem Fahrtwind, z. B. bei Bergabfahrten, schützen, indem man vorne zwischen die beiden Trikots mehrere Lagen Zeitungspapier oder eine Plastiktüte schiebt. Statt dessen kann man sich auch einen sog. »Windlatz« anschaffen, einen seitlich offenen Windschutz, der die gleiche Funktion erfüllt.

wasserdichten Schweißnähten an Jacke und Hose, alles wasser- und winddicht und trotzdem atmungsaktiv (Gore-Tex®).

Unterwäsche

Last not least muß man auch darüber reden. Bei Radsportlern beschränkt sich die Unterwäsche auf das Unterhemd, da unter der Rennhose kein weiteres Kleidungsstück getragen wird. Bei den Unterziehhemden haben sich ebenfalls spezielle Mischgewebe durchgesetzt, die den Schweiß ableiten, so daß die Haut trocken bleibt. Grundsätzlich sollte man immer unter dem Trikot, auch im Sommer, ein Unterhemd tragen. Bei

Schutzbrillen

Wegen der hohen Fahrgeschwindigkeit sind die Augen des Radsportlers durch Fremdkörper, Insekten und dergleichen gefährdet. Deswegen tragen auch immer mehr Profis spezielle Radrennbrillen, die farblos oder zum zusätzlichen Schutz gegen das Sonnenlicht getönt sein können.

Trainingsbekleidung

Sommer

Bei schönem Wetter trainiert man in Rennkleidung. Die Trikots sind kurzärmelig, die Rennhosen kurz. Weithin sichtbare Trikots in grellen Farben tragen zur Unfallverhütung bei. Bei längeren Trainingsfahrten, vor allem wenn man größere Berge oder Pässe zu überwinden hat, ist es günstig, für die Abfahrt ein trockenes Unterhemd dabeizuhaben. Bei unsicherer Witterung lohnt sich eine Regenjacke. Mit etwas Verpflegung in den Trikottaschen, einer gefüllten Trinkflasche und etwas Kleingeld für den Notfall ist für alles gesorgt.

Frühjahr, Herbst und Winter

In diesen Jahreszeiten machen sich, vor allem bei Temperaturen unter 5 °C, zwei empfindliche Stellen des Körpers bemerkbar: Die Hände und die Füße. Die Hände schützt man durch dicke, windabhaltende Handschuhe, die Füße durch Überschuhe oder durch über die Schuhe gezogene Socken. Es gibt auch spezielle Winterschuhe, die mit Fell gefüttert sind. Je nach der Außentemperatur wird man die oben beschriebene Schutzbekleidung entsprechend zum Einsatz bringen. Bei Temperaturen unter 0 °C hört der Spaß langsam auf, hier trainieren nur noch die Allerhärtesten. – Es gibt schließlich auch noch andere Trainingsformen, um im Winter trainingswirksame Reize zu setzen.

Bei etwas kühlerer Witterung im Herbst und Frühjahr: Langarmtrikots bzw. Kurzarmtrikots mit Ärmlingen, lange Rennhosen bzw. kurze Rennhosen mit Beinlingen, wärmende Kopfbedeckungen

Radsporttechnik

Der Mensch auf dem Rennrad

Die Faszination des Radsports beruht wesentlich auf dem Zusammenspiel zweier »Maschinen«, dem Menschen und der Rennmaschine als technischem Gerät. Nur wenn Mensch und Rad aufeinander abgestimmt sind, ist es möglich, die biologischen Kräfte des menschlichen Organismus auf ideale Weise mit Hilfe des Rennrades in leichte und schnelle Fortbewegung umzuwandeln. Notwendig sind dazu:

- die richtige Sitzposition
- ein guter Fahrstil
- die Beherrschung der Kunst des Pedalierens

Die richtige Sitzposition

Vorausgesetzt, der Rahmen hat die richtige Höhe und Länge, der Lenkervorbau paßt zur Länge der Arme und des Rumpfes und die Tretkurbellänge zur Länge der Beine, kann man jetzt darangehen, die richtige Sitzposition einzustellen. Man muß während der Fahrt auf dem Rennrad locker alle notwendigen Bewegungabläufe ausführen können. Wenn man während der Fahrt ständig die Arme angespannt halten und auf dem Sattel

Die ideale Sitzposition ist Voraussetzung für einen eleganten Fahrstil.

nach vorne oder nach hinten rutschen muß, stimmt die Sitzposition nicht. Man kann folgende Einstellungen vornehmen:
Sattelhöhe, Sattelneigung, Sitzlänge und Lenkerhöhe.

Sattelhöhe

Der Sattel soll so hoch sein, daß das Bein im Kniegelenk beim Passieren des unteren Punktes der Pedalumdrehung nicht vollständig gestreckt, sondern in einem Winkel von ca. 170 bis 175° leicht gebeugt ist. Die beiden wichtigsten Kontrollmöglichkeiten sind folgende:

- Auf dem Sattel sitzend stellt man die Ferse auf das umgedrehte Pedal, die Unterseite nach oben. Am unteren Punkt der Pedalstellung soll das Bein jetzt ganz gestreckt sein.
- In der gleichen Position soll es möglich sein, bei waagerechter Fußstellung die Fußspitze unter

das Pedal zu schieben, wobei das Bein ebenfalls völlig gestreckt ist.

Dann ist die Sattelhöhe beim Fahren zu prüfen, wobei die Absätze der Rennschuhe auf den Pedalen ruhen. Wenn der Fahrer so treten kann, ohne von einer Seite des Sattels auf die andere zu rutschen, dürfte die richtige Sattelhöhe gefunden sein, zumindest für die wechselnden Anforderungen im Training und Wettkampf. Radsportler, die regelmäßig sehr hohe Tretgeschwindigkeiten bevorzugen, stellen den Sattel etwas tiefer, andere, die überwiegend mit sehr hohem Kraftaufwand treten (Zeitfahren), stellen den Sattel etwas höher ein. Die relativ höchste Satteleinstellung bevorzugen Sprinter, deren Beine am unteren Punkt der Pedalumdrehung fast gestreckt sind.

Nach dem Schweizer Wilfried Hügi erhält man den exakten Abstand zwischen der Mitte der Tretlagerachse

Stellung der Beine bei richtiger Sattelhöhe

Bei gestrecktem Bein muß man mit der Ferse auf das Pedal gelangen.

Bei gestrecktem Bein muß man mit der Fußspitze unter das Pedal gelangen.

Korrekte Sattelstellung: Bei waagerechter Tretkurbel trifft das Lot von der Kniescheibe nach unten die Pedalachse.

und der Oberkante des Sattels (Sattelhöhe), indem man die Schrittlänge mit dem Faktor 0,885 multipliziert. Wird die Einstellung bei einem neuen Sattel vorgenommen, muß man beachten, daß der Sattel nach 3000 bis 4000 km bis zu 10 mm in der Sitzfläche nachgeben und durchhängen kann, so daß man die Sattelhöhe korrigieren muß.

Sattelneigung

Im Normalfall wird der Sattel bei gleich großen Laufrädern mit auf gleichen Druck aufgepumpten Reifen mit der Wasserwaage exakt horizontal eingestellt, also parallel zum Oberrohr des Rahmens.

Sattelstellung und Sitzlänge

Die **Sattelstellung** wird nun durch Vor- oder Zurückstellen des Sattels korrigiert. Normalerweise liegt das von der Sattelspitze nach unten gefällte Lot etwa 2 bis 5 cm (durchschnittlich ca. 4 cm) hinter der Mitte der Tretlagerachse (Sattelstellung). Zur individuellen Korrektur setzt man sich bei waagerecht stehendem Rennrad auf den Sattel, stellt die Tretkurbeln ebenfalls exakt waagerecht. Die korrekte Sattelstellung ist gegeben, wenn ein vorn über die Kniescheibe gelegtes Lot genau durch die Pedalachse geht. Manche Rennfahrer stellen den Sattel auch etwas mehr nach vorne oder hinten, so daß dieses Lot mehr auf die Mitte zwischen Pedalachse und vorderem oder hinterem Pedalsteg trifft. Ist der Sattel nun korrekt justiert, geht man an die Einstellung der **Sitzlänge**, die der Entfernung von der Sattelspitze zum Hinterrand des Lenkerbügels entspricht. Sie wird durch die Sattelstellung und durch die Länge des Vorbaues bestimmt. Wenn die Tretkurbeln parallel zum Unterrohr (Schrägrohr) des Rahmens stehen,

55

der Fahrer den Lenker unten umfaßt, sollte noch etwas Spielraum (ca. 5 mm), zwischen angewinkeltem Knie und Ellenbogen vorhanden sein. Prinzipiell sollte der Rahmen so kurz wie möglich, der Vorbau so lang wie möglich gewählt werden. Wenn man aufgrund dieser Feineinstellung der Sitzlänge jedoch einen längeren Vorbau als 12 bis 15 cm benötigen würde, so ist die Rahmenlänge zu kurz. Noch ein wichtiger Tip: Bei Fahrern mit chronischen Rückenschmerzen hilft oft ein um 5 bis 10 mm kürzerer Vorbau.

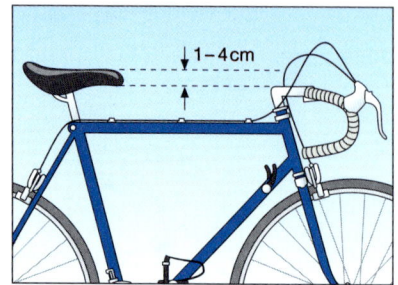

Je nach Trainingszustand wird der Lenker 1 bis 3 cm tiefer als der Sattel gestellt, jedoch nur selten mehr als 3 bis 4 cm unter Sattelhöhe.

Wenn die Vorbaulänge richtig gewählt ist, darf das Knie in der gezeichneten Position den Ellbogen leicht berühren (tiefe Lenkerhaltung, Tretkurbel parallel zum Unterrohr).

Lenkerhöhe

Bei Rennrädern sollte der Lenker nicht höher als der Sattel stehen. Zu Anfang der Radsportkarriere kann die Lenkerhöhe etwa der Sattelhöhe entsprechen. Je mehr der Trainingszu-

stand zu- und das Bauchfett abnimmt, desto tiefer kann man den Lenker einstellen, jedoch nicht tiefer als 3 bis 4 cm unter der Sattelhöhe. Nur wer sehr lange Arme hat, sollte dies tun. Die unteren Lenkergriffe sollten waagerecht eingestellt sein. Auf jeden Fall sollte man während der Fahrt in unterer Lenkergriffhaltung noch gut durchatmen können.

Anlegen einer Maßkarte

In Ergänzung zu den persönlichen Maßen seines individuellen Rennrades in bezug auf Rahmenbau, Vorbaulänge, Länge der Tretkurbeln und der Pedalhaken (falls noch verwendet) sollte man sich jetzt auch die Maße für die Sitzposition in einer Maßkarte festhalten: Sattelhöhe, Sattelstellung (Distanz Sattelspitze – Tretlagerachse), Sitzlänge (Distanz Sattelspitze – Hinterrand des Lenkerbügels) und Lenkerhöhe (Distanz Satteloberrand – Oberrand des Lenkerbügels).

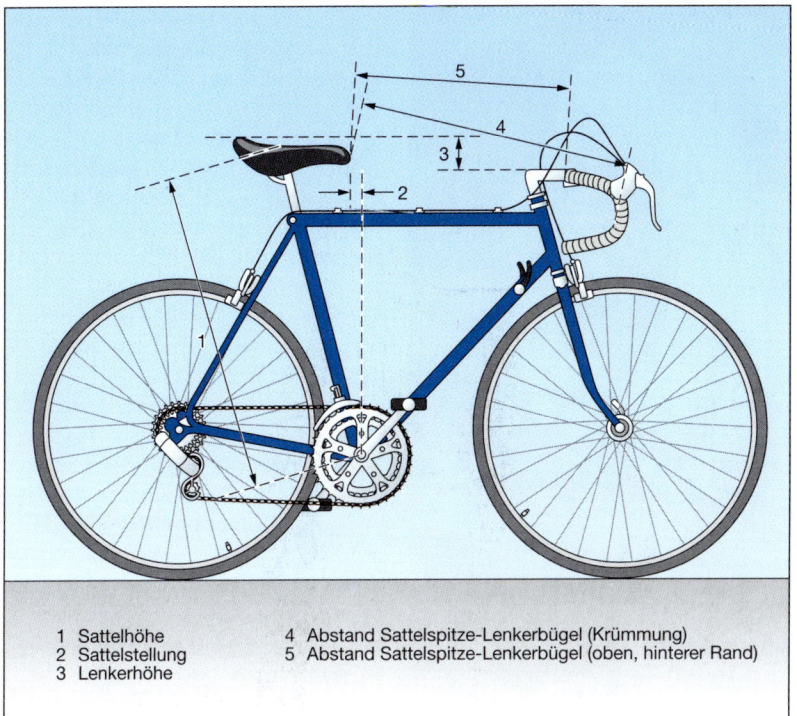

Maßkarte für
Sitzposition

1 Sattelhöhe
2 Sattelstellung
3 Lenkerhöhe
4 Abstand Sattelspitze-Lenkerbügel (Krümmung)
5 Abstand Sattelspitze-Lenkerbügel (oben, hinterer Rand)

Der gute Fahrstil

Wie es nicht zwei Menschen gibt, die einen völlig gleichen Gang haben, so gibt es auch kaum Rennfahrer, die in Haltung und Fahrstil völlig übereinstimmen. Jeder Radsportler hat seine Besonderheiten, die von Körperbau, Temperament und vielem anderen abhängen. Trotzdem gibt es allgemeine Gesetzmäßigkeiten, die einen guten Fahrstil charakterisieren:

- aerodynamische Haltung mit wechselnden Griffpositionen am Lenker
- richtige Fußstellung im Pedal
- Beherrschung der Kunst des Pedalierens
- ruhige Haltung des Oberkörpers

Prinzipiell muß der Radsportler drei **Widerstandskräfte** überwinden, die mit steigender Geschwindigkeit kräftig zunehmen (siehe S. 73):

- Luftwiderstand
- Rollwiderstand
- Hangabtriebskraft bei Steigungen

Im wesentlichen ist es der Luftwiderstand, der mit dem Quadrat der Fahr-

57

»Windschnittige« Haltung auf der Zeitfahrmaschine

geschwindigkeit zunimmt. Wenn man nicht gerade den Windschatten seines Vordermannes ausnutzt (siehe S. 81) und man dem Luftwiderstand voll ausgesetzt ist, gilt es, eine aerodynamische Haltung mit möglichst kleiner Windangriffsfläche einzunehmen. Man unterscheidet die hohe, die mittlere und die tiefe Haltung auf dem Rennrad:

Bei der hohen Haltung umfassen die Hände den oberen Teil des Lenkerbügels (»Oberlenkerhaltung«), die Windangriffsfläche beträgt etwa 0,5 bis 0,6 m². Bei der mittleren Haltung umfassen die Hände die Bremsgriffe von oben (»Bremsgriffhaltung«). Die Windangriffsfläche beträgt etwa 0,4 bis 0,5 m². Bei der tiefen Haltung umfassen die Hände den Lenkerbügel an den Lenkerbögen (»Unterlenkerhaltung«). Die Kopffläche verschwindet ganz in der Fläche des Rumpfes. Die Windangriffsfläche beträgt nur noch 0,275 bis 0,3 m² (siehe nebenstehende Grafik).

Die Luftwiderstandsleistung bei einer Geschwindigkeit von 30 km pro Stunde in hoher Haltung entspricht etwa der bei 38 km pro Stunde in niedriger Haltung. Ein durchschnittlich trainierter Radsportler, der eine maximale Leistungsfähigkeit von 200 bis 250 Watt (siehe auch S. 92) hat, kann mit dieser ihm zur Verfügung stehenden Leistungsfähigkeit in tiefer Haltung etwa 38 bis 40 km pro Stunde erzielen, in mittlerer Haltung etwa 33 bis 36 km pro Stunde, in hoher Haltung aber nur 30 bis 32 km pro Stunde. Mit zunehmend höherer Geschwin-

Windangriffsfläche bei verschiedenen Haltungen auf dem Rennrad

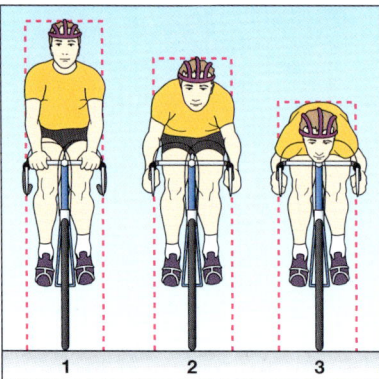

Haltung und Luftwiderstand bei verschiedenen Geschwindigkeiten

Haltung	Windangriffs-fläche (m²)	Luftwiderstandsleistung (Watt) bei			
		30 km/h	35 km/h	40 km/h	45 km/h
hoch	0,5	200	300	470	650
mittel	0,4	150	230	340	500
tief	0,3	110	150	250	350

digkeit wird daher eine bessere, aerodynamische tiefe Haltung notwendig.

Zu einer aerodynamischen Haltung gehört eine entsprechend ökonomische Beinarbeit. Die Beine sollen sich in zwei parallelen Ebenen möglichst dicht am Rahmen bewegen. Die Knie können sogar das Oberrohr des Rahmens leicht berühren. Diese ideale Beinarbeit ist nur möglich, wenn die Fußstellung in den Pedalen stimmt. Das ist dann der Fall, wenn das Großzehengrundgelenk über der Pedalachse arbeitet.

Bevor man die Pedalklammer an der Fußsohle fest fixiert, sollte man recht genau prüfen, ob die Längsachse des Schuhes und damit die des Fußes genau senkrecht zur Pedalachse verläuft. Niemals sollten die Schuhspitzen nach außen zeigen, eher noch etwas nach innen. Der Fuß soll parallel zur Ebene des Rahmens arbeiten können. Das ist eine wichtige Voraussetzung dafür, daß ein vollkommener Fahrstil überhaupt möglich wird.

Während der Fahrt sind die Arme leicht gebeugt, um Stöße und Erschütterungen abfangen zu können. Dabei soll man immer das Gefühl haben, locker auf dem Rad zu sitzen. Die Muskeln der Arme, des Schultergürtels und des Nackens sind immer wie-

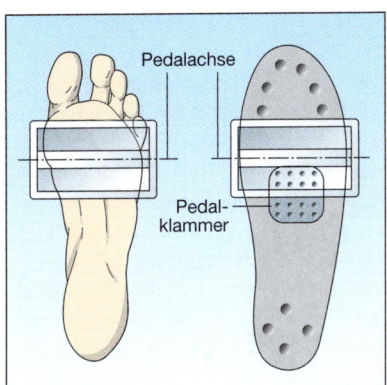

Stellung des Fußes: Großzehengrundgelenk (Fußballen) über der Pedalachse der bewußt zu entspannen. Besonders zu Beginn ist die Vervollkommnung des Fahrstiles viel wichtiger als schnelles Fahren. Fehler, die sich jetzt einschleichen, sind später kaum mehr zu beheben und verhindern, daß man die persönliche Leistungsgrenze jemals erreicht. Insbesondere sind es folgende drei Punkte, auf die man immer wieder achten und die man regelmäßig korrigieren sollte:

- Die Beine müssen tatsächlich wie zwei Pleuelstangen immer exakt parallel zueinander arbeiten; die Beinführung soll betont eng am Rahmen sein, zwischen Oberrohr des Rahmens und Innenkante der Knie darf kaum Zwischenraum sein.
- Ein perfekter Stilist läßt nur die Beine arbeiten, der übrige Körper bleibt ruhig. Insbesondere der Kopf soll ruhig gehalten werden, der Rumpf sollte nicht hin- und herpendeln. Ausnahmen gibt es nur bei größten Belastungen, im Sprint und beim Bergauffahren.
- Die Beinkraft soll während des gesamten Tretvorganges möglichst gleichmäßig auf die Pedale verteilt werden.

Der runde Tritt

Diese grundlegende technische Fähigkeit wird häufig nicht ohne Grund von vielen geradezu mystifiziert. Sie wird als die Kunst des Pedalierens oder das Geheimnis des runden Tritts bezeichnet. Den echten

Radsportler erkennt man bereits von weitem an seinem runden Tritt. Denn nur wenn man seine Kräfte ganz gleichmäßig über den gesamten Tretvorgang verteilt, kann man die Bewegung vollständig ausnutzen. Drückt man das Pedal nur senkrecht von oben nach unten (»Hackstil«), setzt man nur einen kleinen vorderen Sektor der Kreisbewegung ein. Am obersten und am untersten Punkt ist der Druck wirkungslos. Daher werden diese Stellen auch als »tote Punkte« bezeichnet. Horizontal- und Vertikalkräfte müssen bei jedem Abschnitt des Tretvorganges in einem bestimmten Verhältnis zueinander stehen. Den günstigsten Hebelarm erhält man, wenn man die Kraft immer senkrecht zur Tretkurbel einwirken läßt. Dazu muß man zur Überwindung des oberen toten Punktes die Fußspitze heben und die Ferse senken, damit der Druck nach vorne wirkt. Zur Überwindung des unteren toten Punktes muß man die Fußspitze senken und die Ferse heben, um einen wirksamen Druck nach hinten ausüben zu können. Im übrigen hinteren Sektor der Kreisbewegung müssen vorwiegend Zugkräfte auf die Tretkurbeln ausgeübt werden. Der Fuß vollführt dabei um die Achse des oberen Sprunggelenkes eine lockere Auf- und Abbewegung. Dazu gehört eine gute Beweglichkeit und lockere Haltung im Sprunggelenk. Am deutlichsten ist diese Bewegung, vor allem das Anheben der Fußspitze, beim Überwinden des oberen toten Punktes, wenn man eine hohe Über-

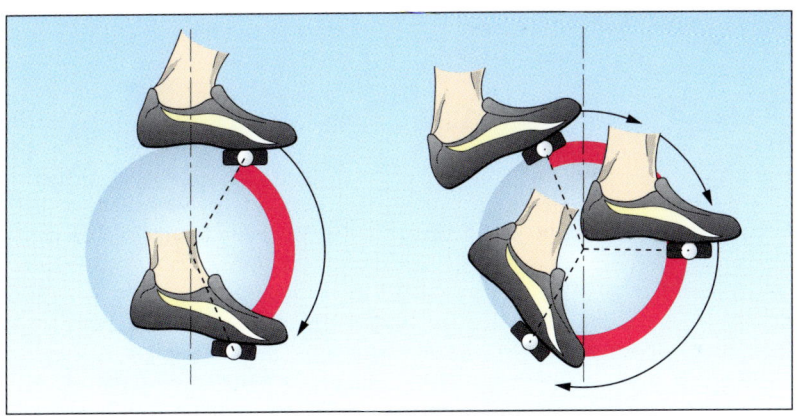

Durch Druck auf das Pedal senkrecht von oben nach unten (Hackstil) nutzt man nur einen kleinen Sektor der Tretbewegung aus.

Überwinden des oberen und unteren toten Punktes durch Heben und Senken der Fußspitze: Vergrößerung des wirksamen Sektors

setzung oder im Sitzen bergauf fährt. Dieses Anheben der Fußspitze am oberen toten Punkt wird um so weniger ausgeprägt, je schneller die Tretfrequenz wird. Die Fußstellung wird dann zunehmend waagerecht. Bei zunehmender Tretgeschwindigkeit konzentriert sich der Bewegungsablauf mehr auf das Überwinden des unteren toten Punktes mit gesenkter Fußspitze und angehobener Ferse. Diese »Spitzfußstellung« wird um so stärker, je schneller die Tretfrequenz wird. Sie wird auch am oberen toten Punkt beibehalten, da dieser nun mit Schwung überwunden wird.

Um am Anfang ein Gefühl für den runden Tritt zu bekommen, versucht man auf einer freien Übungsstrecke nur mit einem Fuß zu treten, während man den anderen aus dem Pedal herausnimmt. Dabei versucht man, das

Pedal gleichmäßig in Bewegung zu halten. Man spürt dabei ganz gut, welche Kräfte dafür notwendig und wirksam sind. Nach einigen hundert Metern wechselt man und übt mit dem anderen Fuß. Danach übt man das Zusammenspiel beider Füße. Insbesondere sollte man darauf achten, daß das Bein, das den Zug nach oben ausführen soll, auch wirklich angehoben wird.

Auch heute noch trainieren Radsportler manchmal den runden Tritt in der Vorbereitungsphase im Winter oder im Frühjahr mit einer Nabe ohne Freilauf. Bei einer solchen »starren Nabe« muß man ständig ohne Pause treten. Auf diese Weise wird man fast in einen runden Tritt hineingezwungen, andernfalls würde die Fahrweise unruhig, und man würde auf dem Sattel zu hüpfen beginnen. Um eine

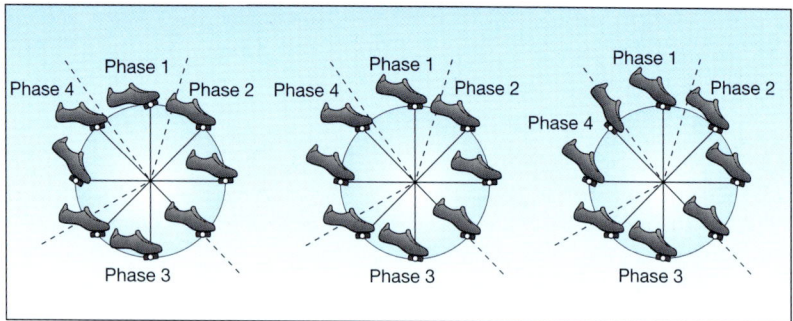

1 Niedere Tretfrequenz (60–90 U/Min. Steigungen, Berge, Zeitfahren usw.):
   Heben der Fußspitze am oberen toten Punkt und Senken der Fußspitze am
   unteren toten Punkt
2 Mittlere Tretfrequenz (90–110 U/Min. Rennen, Fahrten in der Gruppe usw.):
   Fuß ist etwa waagerecht im oberen Sektor.
3 Hohe Tretfrequenz (110–150 U/Min. oder höher, Sprints, Bahnfahrer):
   Fußspitze ist in allen Phasen mehr oder weniger gesenkt.

starre Nabe zu erhalten, wird am Hinterrad anstelle des Mehrfach-Zahnkranzes ein einfacher Zahnkranz (z. B. 17 oder 18 Zähne) montiert und die Kette so angepaßt, daß sie gerade lang genug ist, wenn sie vorne über das kleine Blatt (42 Zähne) läuft. Das Training mit starrer Nabe erfordert ständige Aufmerksamkeit. Aber die Mühe lohnt sich, denn nach einem Starrlauftraining von etwa 1000 bis 1500 km hat man zumindest das Gefühl, wie der runde Tritt abläuft. Anschließend übt man diesen Bewegungsablauf mit kleiner Übersetzung auf der gewohnten Leerlaufnabe weiter. Einen ähnlichen Effekt wie das Starrlauftraining hat übrigens auch das Ergometertraining (siehe S. 107), sofern das benutzte Ergometer eine große Schwungscheibe und keinen Freilauf hat.

Um die richtige Muskelfaserzusammensetzung mit einem hohen Anteil an Ausdauerfaser zu erzeugen, fahren Radsportler mit hohen Pedalumdrehungszahlen. Der Radsportler unterscheidet sich dadurch sehr wesentlich vom Durchschnittsbürger, der mit höchstens 50 bis 60 Pedalumdrehungen pro Minute tritt. Etwas anderes kommt diesem gar nicht in den Sinn. Aus Gründen vollkommener Leistungsentfaltung sprengen Radsportler diesen Rahmen sehr deutlich. Sie fahren bei Straßenrennen mit einer durchschnittlichen Pedalumdrehungszahl von ca. 90 Umdrehungen pro Minute. Ein Tempowechsel erfolgt nicht so sehr durch Benutzung höherer Gänge als vielmehr durch Steigerung der Tretgeschwindigkeit, meist bis 120 Umdrehungen pro Minute oder mehr. Aufgrund dieser Beobachtung muß man annehmen – und inzwischen ist es auch durch wissenschaftliche Untersuchungen belegt – , daß die spontan gewählte Pedalumdrehungszahl von Radrennfahrern um 100 Umdrehungen pro Minute für die Entfaltung der Kräfte günstig sein muß. Um diese Fähigkeit zu erwerben, ist es wiederum notwendig, im Training noch höhere Umdrehungszahlen zu bevorzugen: Wenn jemand über längere Zeit ohne Ermüdung 120 Pedalumdrehungen pro Minute durchführen kann, wird es ihm leichter fallen, im Wettkampf 90 bis 100 Umdrehungen zu leisten, als wenn er zum Beispiel nur mit 80 Pedalumdrehungen pro Minute trainiert hätte.

Die Fähigkeit, mit hoher Trittgeschwindigkeit locker, rund und ökonomisch zu treten, kann man sich nur durch lange Übung aneignen. Dazu muß man unbedingt lange Zeit mit kleinen Übersetzungen (zum Beispiel 42/17 oder 42/18) fahren. Radrennfahrer der Spitzenklasse üben diesen runden Tritt mit solchen kleinen Übersetzungen während des ganzen Winters und legen so etwa 1000 bis 5000 Kilometer zurück – bevor sie ins Trainingslager in südliche Gefilde gehen. Dort vervollkommnen sie den runden Tritt noch weiter. Das Training des hohen Krafteinsatzes erfolgt erst viel später.

Auch aus Gründen der besseren Muskeldurchblutung ist eine hohe Tretfrequenz zu bevorzugen. Denn bereits wenn 20% der maximalen Kraft eingesetzt werden, wird die arterielle Blutversorgung behindert. Ab 50%

der maximalen isometrischen Kontraktionskraft kommt es zum völligen Verschluß der kleinen Blutgefäße (Kapillaren und Arteriolen)! Großer Krafteinsatz behindert die Durchblutung, während Muskelentspannung sie fördert. Auch aus diesen Gründen sollte der Krafteinsatz beim Tretvorgang möglichst gering und kurz sein, damit während der Phase der Muskelentspannung eine gute Durchblutung eintreten kann. Das ist durch eine hohe Tretgeschwindigkeit gewährleistet.

Die Tretgeschwindigkeit und der runde Tritt sind eine Wissenschaft für sich. Sie bedürfen geduldiger und ausdauernder Übung. Erst wenn man diesen Bewegungsablauf mühelos beherrscht, kann man von sich behaupten, Radfahren zu können.

Die richtige Übersetzung

Der Sinn der Übersetzung besteht darin, die biologischen Kräfte des Organismus unter optimalen Bedingungen frei zur Entfaltung zu bringen. Insbesondere ist es durch die Übersetzung möglich, sich an unterschiedliches Gelände und an wechselnde Situationen anzupassen. In der Technik versteht man unter Übersetzung das Verhältnis zwischen der Antriebs- und Abtriebsdrehzahl eines Getriebes.

Beim Rennrad hängen Übersetzung und notwendige Tretkraft von folgenden Faktoren ab:

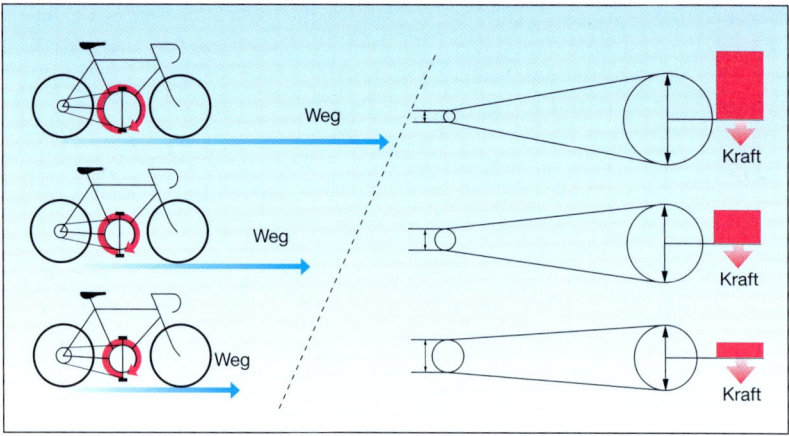

Die Übersetzung nutzt das physikalische Gesetz »Arbeit = Kraft × Weg«. Je länger der durch eine Pedalumdrehung zurückgelegte Weg sein soll, desto mehr Kraft muß ausgeübt werden. Und umgekehrt: Je kürzer der durch eine Pedalumdrehung zurückgelegte Weg ist, desto geringer kann der Krafteinsatz sein – desto häufiger muß man aber auch für den gleichen Weg treten.

- Zähnezahl des vorderen Kettenblattes
- Zähnezahl des hinteren Zahnkranzes
- Länge der Tretkurbeln
- Durchmesser des angetriebenen Laufrades

Der Durchmesser eines Laufrades betrug beim Rennrad früher 27 Zoll (1 englisches Zoll = 2,54 cm). Die Maßeinheit stammt aus den Hochrad-Zeiten der Radsportgeschichte. Umgerechnet beträgt der Durchmesser eines Laufrades von 27 Zoll 27 x 2,54 cm = 68,58 cm. Wegen der dünneren Reifen haben die heutigen 27-Zoll-Laufräder eines Rennrades nur noch einen Durchmesser von ca. 26,3 Zoll. Außerdem hängt die je-

weilige Übersetzung noch von der Größe des Kettenblattes und der Zahnkränze ab.

z_1 = Zähnezahl des Kettenblattes
z_2 = Zähnezahl des Zahnkranzes
d = Durchmesser des Hinterrades
u = Umfang des Hinterrades

Übersetzung in Zoll

Üblicherweise benutzt man die Angabe der Übersetzung in Zoll nach der Formel:

$$\text{Übersetzung (Zoll)} = \frac{z_1 \times d}{z_2}$$

Der Durchmesser d des Hinterrades wird dabei in englischen Zoll (theoretisch 27, praktisch 26,3) angegeben.

Beispiel:
Vorne 53 Zähne, hinten 16 Zähne:

Theoretische Übersetzung:

$$\frac{53 \times 27}{16} = 89,44 \text{ Zoll}$$

Reale Übersetzung:

$$\frac{53 \times 26,3}{16} = 87,12$$

Übersetzung in Meter

Dieses Übersetzungsmaß gibt die Wegstrecke an, die bei einer Pedalumdrehung zurückgelegt wird. In anderen Ländern (Italien, Frankreich u. a.) wird diese Maßangabe mehr verwendet. Auch kann man sie sich besser vorstellen. Dazu braucht man den Umfang u des Hinterrades. Das Verhältnis von Kreisumfang zu Kreisdurchmesser ist aus der Physik be-

kannt, es ist nämlich die Zahl π = 3,141592653... Rechnen wir mit 3,14.
u = d x π. Das heißt für das Rennrad theoretisch:
27 x 2,54 cm x 3,14 = 315,3 cm
praktisch aber nur:
26,3 x 2,54 cm x 3,14 = 209,8 cm
(rund 210 cm)

$$\text{Übersetzung (m)} = \frac{z_1 \times u}{z_2}$$

Beispiel:
Die Übersetzung von 53/16 entspricht theoretisch folgender Wegstrecke pro Pedalumdrehung:

$$\frac{53 \times 2,15}{16} = 7,12 \text{ m}$$

praktisch:

$$\frac{53 \times 2,10}{16} = 6,96 \text{ m}$$

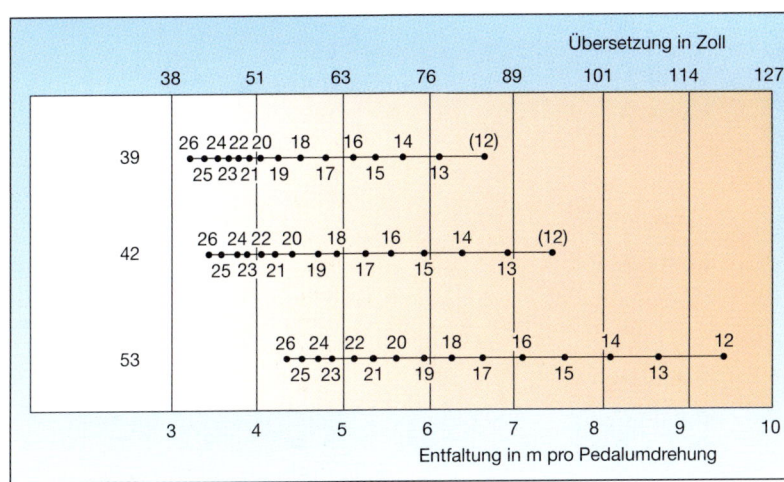

Bei zunehmender Zähnezahl im Zahnkranzbereich werden die Abstände immer enger, daher muß der Unterschied der Zähnezahl in diesem Bereich größer werden.

Radsporttechnik

Zahnkranz Zähne	Kettenblatt 39	40	42	44	45	46	48	49	50	51	52	53	54	55	56
12 (Zoll)	85,48	87,67	92,05	96,43	98,63	100,82	105,20	107,39	109,58	111,78	113,97	116,16	118,35	120,54	122,73
12 (Meter)	6,83	7,00	7,35	7,70	7,88	8,05	8,40	8,58	8,75	8,93	9,10	9,28	9,45	9,63	9,80
13 (Zoll)	78,90	80,92	84,97	89,02	91,04	93,06	97,11	99,13	101,15	103,18	105,20	107,22	109,25	111,27	113,29
13 (Meter)	6,30	6,46	6,78	7,11	7,27	7,43	7,75	7,92	8,08	8,24	8,40	8,56	8,72	8,88	9,05
14 (Zoll)	73,26	75,14	78,90	82,66	84,54	86,41	90,17	92,05	93,93	95,81	97,69	99,56	101,44	103,32	105,20
14 (Meter)	5,85	6,00	6,30	6,60	6,75	6,90	7,20	7,35	7,50	7,65	7,80	7,95	8,10	8,25	8,40
15 (Zoll)	68,38	70,13	73,64	77,15	78,90	80,65	84,16	85,91	87,67	89,42	91,17	92,93	94,68	96,43	98,19
15 (Meter)	5,46	5,60	5,88	6,16	6,30	6,44	6,72	6,86	7,00	7,14	7,28	7,42	7,56	7,70	7,84
16 (Zoll)	64,11	65,75	69,04	72,33	73,97	75,61	78,90	80,54	82,19	83,83	85,48	87,12	88,76	90,41	92,05
16 (Meter)	5,12	5,25	5,51	5,78	5,91	6,04	6,30	6,43	6,56	6,60	6,83	6,96	7,09	7,22	7,35
17 (Zoll)	60,34	61,88	64,98	68,07	69,62	71,16	74,26	75,81	77,35	78,90	80,45	81,99	83,54	85,09	86,64
17 (Meter)	4,82	4,94	5,19	5,44	5,56	5,68	5,93	6,05	6,18	6,30	6,42	6,55	6,67	6,79	6,92
18 (Zoll)	56,98	58,44	61,37	64,29	65,75	67,21	70,13	71,59	73,06	74,52	75,98	77,44	78,90	80,36	81,82
18 (Meter)	4,55	4,67	4,90	5,13	5,25	5,37	5,60	5,72	5,83	5,95	6,07	6,18	6,30	6,42	6,53
19 (Zoll)	53,98	55,37	58,14	60,91	62,29	63,67	66,44	67,83	69,21	70,59	71,98	73,36	74,75	76,13	77,52
19 (Meter)	4,31	4,42	4,64	4,85	4,97	5,08	5,31	5,42	5,53	5,64	5,75	5,86	5,97	6,08	6,19
20 (Zoll)	51,29	52,60	55,23	57,86	59,18	60,49	63,12	64,44	65,75	67,07	68,38	69,70	71,01	72,33	73,64
20 (Meter)	4,10	4,20	4,41	4,62	4,73	4,83	5,04	5,15	5,25	5,36	5,46	5,57	5,67	5,78	5,88
21 (Zoll)	48,84	50,10	52,60	55,10	56,36	57,61	60,11	61,37	62,62	63,87	65,12	66,38	67,63	68,88	70,13
21 (Meter)	3,90	4,00	4,20	4,40	4,50	4,60	4,80	4,90	5,00	5,10	5,20	5,30	5,40	5,50	5,60
22 (Zoll)	46,62	47,82	50,21	52,60	53,80	54,99	57,38	58,58	59,77	60,97	62,16	63,36	64,55	65,75	66,95
22 (Meter)	3,72	3,82	4,01	4,20	4,30	4,39	4,58	4,68	4,77	4,87	4,96	5,06	5,15	5,25	5,35
23 (Zoll)	44,60	45,74	48,03	50,31	51,46	52,60	54,89	56,03	57,17	58,32	59,46	60,60	61,75	62,89	64,03
23 (Meter)	3,56	3,65	3,83	4,02	4,11	4,20	4,38	4,47	4,57	4,66	4,75	4,84	4,93	5,02	5,11
24 (Zoll)	42,74	43,83	46,03	48,22	49,31	50,41	52,60	53,70	54,79	55,89	56,98	58,08	59,18	60,27	61,37
24 (Meter)	3,41	3,50	3,68	3,85	3,94	4,03	4,20	4,29	4,38	4,46	4,55	4,64	4,73	4,81	4,90
25 (Zoll)	41,03	42,08	44,18	46,29	47,34	48,39	50,50	51,55	52,60	53,65	54,70	55,76	56,81	57,86	58,91
25 (Meter)	3,28	3,36	3,53	3,70	3,78	3,86	4,03	4,12	4,20	4,28	4,37	4,45	4,54	4,62	4,70
26 (Zoll)	39,45	40,46	42,48	44,51	45,52	46,53	48,55	49,57	50,58	51,59	52,60	53,61	54,62	55,63	56,65
26 (Meter)	3,15	3,23	3,39	3,55	3,63	3,72	3,88	3,96	4,04	4,12	4,20	4,28	4,36	4,44	4,52
27 (Zoll)	37,99	38,96	40,91	42,86	43,83	44,81	46,76	47,73	48,70	49,68	50,65	51,63	52,60	53,57	54,55
27 (Meter)	3,03	3,11	3,27	3,42	3,50	3,58	3,73	3,81	3,89	3,97	4,04	4,12	4,20	4,28	4,36
28 (Zoll)	36,63	37,57	39,45	41,33	42,27	43,21	45,09	46,03	46,96	47,90	48,84	49,78	50,72	51,66	52,60
28 (Meter)	2,93	3,00	3,15	3,30	3,38	3,45	3,60	3,68	3,75	3,83	3,90	3,98	4,05	4,13	4,20
29 (Zoll)	35,37	36,28	38,09	39,90	40,81	41,72	43,53	44,44	45,34	46,25	47,16	48,07	48,97	49,88	50,79
29 (Meter)	2,82	2,90	3,04	3,19	3,26	3,33	3,48	3,55	3,62	3,69	3,77	3,84	3,91	3,98	4,06
30 (Zoll)	34,19	35,07	36,82	38,57	39,45	40,33	42,08	42,96	43,83	44,71	45,59	46,46	47,34	48,22	49,09
30 (Meter)	2,73	2,80	2,94	3,08	3,15	3,22	3,36	3,43	3,50	3,57	3,64	3,71	3,78	3,85	3,92

Übersetzungstabelle in Zoll*)
Übersetzungstabelle in Meter*)

*) Die Angaben beruhen auf einem effektiven Laufrad-Durchmesser von 26,3 Zoll bei Rennrädern
*) Die Angaben beruhen auf einem effektiven Laufrad-Umfang von 210 cm bei Rennrädern

Die Übersetzung von 87 Zoll entspricht also einer Übersetzung von 6,96 m pro Pedalumdrehung. Für den normalen Gebrauch genügt es aber auch, die Übersetzung mit 53/16 zu bezeichnen. Da die Berechnung der Übersetzung umständlich wäre, gibt es **Übersetzungstabellen**, sowohl in Zoll als auch in Metern pro Pedalumdrehung. Übersetzungstabellen benutzt man zur Zusammenstellung einer individuellen Übersetzung. Dabei kann man sich auf bestimmte Erfahrungswerte stützen.

Bewährt hat sich folgende Standardzusammenstellung: Kettenblätter 53 und 42 bzw. 39 Zähne zusammen mit einem Achtfach-Zahnkranz mit 13, 14, 15, 16, 17, 19, 21, 23 Zähnen oder einem Neunfach-Zahnkranz mit 12, 13, 14, 15, 16, 17, 19, 21, 23 Zähnen. Die Abstufung von einem einzigen Zahn Unterschied ist nur in den unteren Bereichen etwa von 12 bis 17 Zähnen sinnvoll. Dann müssen die Unterschiede größer werden (mindestens zwei Zähne), damit eine gleichmäßige Abstufung in bezug auf die pro Pedalumdrehung zurückgelegte Wegstrecke erreicht wird (siehe Grafik S. 65 und Tabelle rechts oben). Denken sollte man auch daran, daß wegen der zu schrägen Kettenlinie (siehe S. 27) mindestens vier Schaltmöglichkeiten wegfallen: mit dem (außen liegenden) großen Kettenblatt die zwei inneren (größten) Ritzel und mit dem (innen liegenden) kleinen Kettenblatt die zwei äußeren (kleinsten) Ritzel des Zahnkranzes. Bei der angegebenen Standardüber-

Zahn-kranz	Großes Ketten-blatt	Kleines Ketten-blatt	Großes Ketten-blatt	Kleines Ketten-blatt
Ritzel	53	42	53	39
23	(4,84) [1]	3,83	(4,84) [1]	3,56
21	(5,30) [2]	4,20	(5,30) [2]	3,90
19	[6] 5,86	[3] 4,64	[7] 5,86	[3] 4,31
17	[7] 6,55	[4] 5,19	[8] 6,55	[4] 4,82
16	[8] 6,96	[5] 5,51	[9] 6,96	[5] 5,12
15	[9] 7,42	[6] 5,88	[10] 7,42	[6] 5,46
14	[10] 7,95	[7] 6,30	[11] 7,95	[7] 5,85
13	[11] 8,56	(6,78)	[12] 8,56	(6,30)
12	[12] 9,82	(7,35)	[13] 9,82	(6,83)

setzung würde man die Gänge etwa in folgender Reihenfolge schalten, wenn man von der kleinsten bis zur größten Übersetzung geht: 42/23, 42/21, 42/19, 42/17, 42/16, 42/15–53/17, 53/16, 53/15, 53/14, 53/13, 53/12.

Wenn das kleine Kettenblatt ein 39er Kettenblatt ist, läuft es ähnlich ab (siehe Tabelle). Ob man frühzeitiger auf das große Kettenblatt umschaltet oder lieber auf dem kleinen bleibt, hängt davon ab, ob sich das Tempo voraussichtlich weiter steigern oder eher wieder vermindern wird (Steigungen, Kuppen, Berge, Gegenwind, Müdigkeit).

Prinzipiell kann man jedes Tempo mit einer höheren Übersetzung und geringerer Pedalumdrehungszahl oder mit einer kleineren Übersetzung und höherer Pedalumdrehungszahl fahren. Wie man sich entscheidet, hängt von verschiedenen Bedingungen ab:

- Trainingszustand
- Trainingsaufgabe

- Gelände
- Windverhältnisse
- Straßenverhältnisse
- Taktische Situation im Radrennen

Grundsätzlich gilt die Erfahrung: Je besser der Trainingszustand oder die aktuelle Form eines Radsportlers ist, desto eher wird er bei gleichem Tempo den kleineren Gang und die höhere Tretfrequenz bevorzugen. Das hat einen einfachen Grund: Ein besserer Ausdauer-Trainingszustand bedeutet einen höheren Anteil an Ausdauerfasern in der Beinmuskulatur (siehe S. 70 ff. und 91 ff.), deren Eigenschaften eine hohe Ermüdungswiderstandsfähigkeit – aber gleichzeitig eine geringere Kraftleistung sind.
In Radrennen werden aus diesem Grund hohe Tretfrequenzen von 90 bis 120 Pedalumdrehungen/Minute bevorzugt – einmal aus Gründen einer hohen Ausdauerleistungsentfaltung und einer besseren Durchblutung der Beinmuskulatur, zum anderen aber auch, um rasche Tempowechsel nicht durch Wechsel in einen größeren Gang, sondern durch Variation der Tretgeschwindigkeit mitmachen zu können. Aus diesen Gründen und auch um die erwünschten Anpassungen im Ausdauer-Stoffwechsel und -Trainingszustand (siehe S. 93 ff.) zu erreichen, ist es wichtig, im Training bewußt Grundlagenausdauer mit kleineren Gängen (z. B. 42/17 oder 39/15) über längere Strecken mit höherer Tretfrequenz (90 bis 120 Pedalumdrehungen/Minute) zu trainieren. Wer bereits im Training immer

hohe Gänge tritt, wird vielleicht »Trainingsweltmeister«, aber er wird niemals seine Wettkampf-Höchstform erreichen.

Unterschiedliche Eigenschaften gleicher Übersetzungen

Wie man aus den Übersetzungstabellen entnehmen kann, gibt es manchmal die gleiche Übersetzung bei unterschiedlichen Kombinationen des vorderen Kettenblattes mit dem hinteren Zahnkranz. So ist zum Beispiel die Übersetzung 53/19 so gut wie identisch mit der Übersetzung 42/15 oder 39/14, nämlich 73 Zoll. Obwohl diese Übersetzungen quantitativ gleich sind, gibt es qualitative Unterschiede – ein Beweis für die Feinheiten im Radsport.

Von gleichen Übersetzungen hat die mit mehr Zähnen, also mit dem größeren Kettenblatt und dem größeren Zahnkranz, folgende Vorteile:
- bessere Kraftverteilung auf eine größere Anzahl von Zähnen
- dadurch Verminderung der Tangentialkraft auf Kette, Zahnkranz und Nabe des Hinterrades
- geringere auf den Rahmen wirkende Torsionskraft
- elastischerer und runderer Tritt

Demgegenüber stehen folgende Nachteile:
- unter Umständen Notwendigkeit einer längeren Kette
- größeres Gewicht des kraftübertragenden Systems

- geringere Schnelligkeit beim Antritt, da er weicher ist

Entsprechendes gilt umgekehrt für identische Übersetzungen mit einer geringeren Zähnezahl.
Somit wird man identische Übersetzungen mit der größeren Zähnezahl wählen beim Zeitfahren und bei längeren Fahrten in ebenem Gelände. Dagegen wird man bei Fahrten in bergigem Gelände und bei Radrennen, in denen es auf Spurtschnelligkeit und schnellen Wechsel der Fahr-

geschwindigkeit ankommt, eher Übersetzungen mit der kleineren Zähnezahl bevorzugen. Zur praktischen Demonstration dieses feinen Unterschiedes sei die Übersetzung von 92 Zoll im Bahnradsport angeführt: Bei Verfolgungsrennen, in denen eine gleichmäßig hohe Geschwindigkeit gefahren wird, nimmt man für diese Übersetzung eine Zähnezahl von 51/15. Im Sprint dagegen, bei dem von der Spurtschnelligkeit alles abhängt, zieht man für die gleiche Übersetzung eine Zahnzahl von 48/14 vor.

Altersklassen und Übersetzungsbeschränkungen im Straßenradsport

Altersklasse	Alter	Übersetzungsbeschränkung[1] Entfaltung	z. B.
Männlicher Bereich			
Senioren	ab 30 J.	–	–
Elite	ab 23 J.	–	–
U 23	19–22 J.	–	–
Junioren	17–18 J.	7,93 m	52 × 14
Jugend	15–16 J.	6,99 m	52 × 16
Schüler	13–14 J.	6,03 m	42 × 15
U 13	11–12 J.	5,66 m	42 × 16
U 11	9–10 J.	5,66 m	42 × 16
Weiblicher Bereich			
Seniorinnen	ab 30 J.	–	–
Frauen	ab 19 J.	–	–
Juniorinnen	17–18 J.	7,40 m	49 × 14
Weibl. Jugend	15–16 J.	6,99 m	52 × 16
Schülerinnen	13–14 J.	6,03 m	42 × 15
U 13	11–12 J.	5,66 m	42 × 16
U 11	9–10 J.	5,66 m	42 × 16

[1]Entscheidend für die Übersetzungsbeschränkung ist die Entfaltung in Meter, nicht die Zähnezahl.

Übersetzungsbeschränkung bei Schülern und Jugendlichen

Die für die Leistungssteigerung im Radsport wesentlichen Anpassungserscheinungen entwickeln sich besser und schneller bei hoher Tretgeschwindigkeit und geringem Krafteinsatz. Radsportler sind Ausdauersportler und keine Kraftsportler. Die Ausbildung der Fähigkeit »Kraft« blockiert die Ausbildung der Fähigkeit »Ausdauer«. Deswegen ist es vernünftig und logisch, die Übersetzung bei Schülern und Jugendlichen nach oben zu begrenzen (siehe Tabelle S. 69).
Schüler und Jugendliche sollen auf keinen Fall zu früh mit zu hohen Übersetzungen fahren. Dieses Gesetz beruht auf den Erfahrungen ganzer Radsportgenerationen – und wird heute durch wissenschaftliche Ergebnisse untermauert. Daher sollte man schon beim Kauf des Rennrades für Schüler oder Jugendliche darauf achten, die angegebenen Übersetzungen nicht zu überschreiten.

Die optimale Tretgeschwindigkeit

Die richtige Tretgeschwindigkeit ist eines der Geheimnisse im Radsport, für die das Wort des Physikers Albert Einstein gilt:
»Logisches Denken kann uns keinerlei Wissen über die empirische Welt vermitteln. Behauptungen, die durch rein logische Mittel aufgebaut werden, entbehren jeglicher Realität.«

Radrennfahrer aller Zeiten haben schon immer hohe Tretfrequenzen bevorzugt, da sie die Erfahrung machten, daß man nur auf diese Weise seine Höchstform aufbauen kann. Es gilt folgendes Gesetz: Bei gleicher Fahrgeschwindigkeit bevorzugt der besser trainierte Radsportler die höhere Tretfrequenz – und umgekehrt: Der Radsportler, dessen Leistungsfähigkeit sinkt, nimmt Zuflucht zu größeren Übersetzungen mit niedrigerer Tretgeschwindigkeit.
Vordergründig betrachtet scheint diese Tatsache das Argument zu unterstützen, daß die niedrigere Tretfrequenz eben doch ökonomischer sei. Der Starke verschleudert vielleicht seine überschüssigen Kräfte durch eine unökonomische Tretgeschwindigkeit, während der Schwächere sparsam mit seinen noch vorhandenen Kräften umgehen muß. Dieses Argument wird jedoch durch folgendes Gesetz entkräftet: Durch Bevorzugung großer Übersetzungen mit niedrigerer Tretfrequenz nimmt die Leistung weiter ab.
Das hängt mit der biologischen Notwendigkeit zusammen, in der Beinmuskulatur vorwiegend Ausdauerfasern heranzubilden, um in der Ausdauersportart Radsport bestehen zu können. Ausdauerfasern werden durch Ausdauerbelastungen erzeugt. Durch Kraftbelastungen jedoch werden Kraftfasern erzeugt, welche die Ausdauerfasern verdrängen. Ausdauerfasern sind widerstandsfähig gegen Ermüdung, während Kraftfasern schnell ermüden. Um Ausdauerfasern

zu erzeugen, muß man also Ausdauer trainieren – und gleichzeitig hohen Krafteinsatz vermeiden. Nach dem Gesetz Arbeit = Kraft × Weg muß man den Weg verlängern, um bei gleicher Arbeit den Krafteinsatz vermindern zu können. Den Weg verlängern heißt aber im Radsport, die kleinere Übersetzung mit hoher Tretfrequenz zu fahren. Prinzipiell werden daher im Training höhere Tretfrequenzen gefahren als im Rennen – aber nach einem Rennen muß man sofort wieder zu den höheren Tretfrequenzen zurückkehren, um den Anteil der Ausdauerfasern aufrechtzuerhalten. Aufgrund der Muskelfaserzusammensetzung mit einem hohen Anteil von Ausdauerfasern, die eine geringere Kraftfähigkeit haben, müssen Radsportler auch im Rennen höhere Tretfrequenzen bevorzugen. Außerdem begünstigt eine höhere Bewegungsgeschwindigkeit der Beine die Lei-

stungsentfaltung, eine bessere Durchblutung und einen müheloseren Tempowechsel.

Die optimale Tretgeschwindigkeit des Radsportlers dürfte für Training und Wettkampf bei 90 bis 120 Umdrehungen pro Minute liegen.

Tretgeschwindigkeit beim Stundenweltrekord

Die Aufstellung eines Stundenweltrekordes ist eine der schwersten Ausdauerprüfungen im Radsport. Dabei wird ein Zeitfahren von 60 Minuten durchgeführt und die in dieser Zeit gefahrene Wegstrecke gemessen. Weltrekorde können nur unter den besten und günstigsten Bedingungen aufgestellt werden. Es wäre unsinnig zu glauben, die Weltrekordinhaber hätten absichtlich eine ungünstige Übersetzung und eine unökonomische Tretgeschwindigkeit bevorzugt.

Stundenweltrekord: Francesco Moser auf der Bahn von Mexico City

Radsporttechnik

Stundenweltrekorde: die interessantesten Daten

Rennfahrer	Jahr	Rekord (km/h)	Übersetzung	Pedalumdr. pro Minute
Coppi	1942	45,798	52 x 15	105,4
Anquetil	1956	46,159	52 x 15	105,9
Baldini	1956	46,393	52 x 15	106,6
Rivière	1957	46,923	52 x 15	107,9
Rivière	1958	47,347	53 x 15	106,8
Bracke	1967	48,093	54 x 15	104,2
Ritter	1968	48,653	54 x 15	105,4
Merckx	1972	49,432	52 x 14	103,9
Moser	1984	50,808	56 x 15	106,2
Moser	1984	51,151	57 x 15	105,1
Obree	1993	51,596	54 x 12	90,1
Boardman	1993	52,270	53 x 13	101,8
Obree	1994	52,713	52 x 12	95,0
Indurain	1994	53,040	59 x 14	99,9
Rominger	1994	53,832	60 x 14	99,7
Rominger	1994	55,291	60 x 14	102,4
Boardman	1996	56,375	56 x 13	104,2

Aus obenstehender Tabelle sieht man aber folgendes: Die Weltrekorde wurden nicht mit den größten Übersetzungen aufgestellt, und fast einheitlich lag die Tretfrequenz um 100 Umdrehungen pro Minute.

Die Fahrtechnik

Gerade im Radsport ist man auf die Beherrschung seines Sportgerätes angewiesen, weil man sich ihm ganz anvertraut. Bei den erreichten Geschwindigkeiten treten außerdem Widerstandskräfte auf, die es in anderen Sportarten, in denen der Mensch sich aus eigener Kraft fortbewegt, nicht gibt.

Die Radsportleistung in Watt

Es ist üblich, die Leistung eines Automotors in Kilowatt (kW) oder in Pferdestärken (PS) anzugeben. Diese Maßeinheiten hängen wie folgt zusammen:

1 Pferdestärke (PS) = 735 Watt (W) = 0,735 Kilowatt (kW) oder

1 Kilowatt (kW) = 1000 Watt (W) = 1,36 Pferdestärken (PS) oder

0,1 Kilowatt (kW) = 100 Watt (W) = 0,136 Pferdestärken (PS)

Untrainierte 30jährige leisten etwa 2 bis 3 Watt pro Kilogramm Körpergewicht, also etwa 150 bis 250 Watt. Für die tägliche Hausarbeit genügen etwa 100 bis 120 Watt, für flottes Treppensteigen braucht man etwa 120 bis 150 Watt – falls man nicht gerade mehr als 2 Zentner wiegt. Für einen langsamen Dauerlauf könnte man ca. 180 Watt ansetzen. Radsportler der Seniorenklasse mit einem durchschnittlichen Körpergewicht von 70 Kilogramm haben ungefähr 300 bis 350 Watt Leistungsfähigkeit. Straßenradrennfahrer der Nationalmannschaft leisten ca. 400 bis 450 Watt. Profis liegen noch darüber, oft deutlich über 500 Watt! Wir müssen uns mit dieser Maßeinheit vertraut machen, um die Zusammenhänge verstehen zu können.

Die Widerstandskräfte im Radsport

Im wesentlichen sind drei Widerstandskräfte zu überwinden:
- Rollreibungskraft
- Luftwiderstandskraft
- Hangabtriebskraft

In der Ebene sind es vor allem Luftwiderstandskraft und Rollreibungskraft, gegen die man ankämpfen muß. Beim Bergauffahren macht dem Radsportler vor allem die Hangabtriebskraft zu schaffen. Wenn man weiß, wie diese Kräfte zusammengesetzt sind, kann man gezielt versuchen, diese möglichst klein zu halten.

Rollreibungskraft (Rollwiderstand)

Wenn man von der Reibung der Pedale, des Tretlagers und der Kette einmal absieht, da man auf diese Rei-

bung außer durch kräftiges Ölen und Fetten sowieso keinen Einfluß hat, bleibt im wesentlichen der Rollwiderstand der Laufräder. Die größte Reibung wird dabei durch den Kontakt der Reifen mit der Straßenoberfläche verursacht. Am stärksten wird dieser Rollwiderstand durch die Auflagefläche der Reifen und das Gesamtgewicht von Fahrer und Rennmaschine beeinflußt. Folgende Punkte sind zu beachten, um den Rollwiderstand der Laufräder klein zu halten: Gesamtgewicht von Fahrer und Rennmaschine sollten möglichst klein sein.
Der Luftdruck im Reifen sollte ausreichend hoch sein (siehe S. 34). Wenn man während der Fahrt die Wahl hat, sollte man sich die glatteren Teile einer Straße aussuchen, da bei rauhem oder unregelmäßigem Straßenbelag die Auflagefläche des Reifens größer ist als auf glatter Fahrbahn.

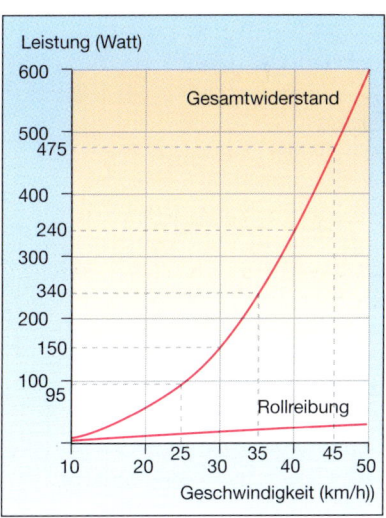

Rollreibung und Gesamtwiderstand bei verschiedenen Geschwindigkeiten

Beachten sollte man aber dabei, daß stark aufgepumpte Reifen bei nasser Fahrbahn weniger Bodenhaftung haben. Beim Bergauffahren kann das Hinterrad bei zu hohem Luftdruck durchrutschen. Schließlich springt ein zu hart aufgepumptes Laufrad bei schlechter Fahrbahn und stört den Fahrrhythmus. Meistens wird man einen Reifendruck von 7 bis 10 bar wählen (siehe S. 34). Wichtig ist es zu wissen, daß mit zunehmender Geschwindigkeit die Bedeutung des Rollwiderstandes abnimmt. Beträgt er bei 15 km pro Stunde noch 40% des Gesamtwiderstandes, so sind es bei 40 km pro Stunde nur noch 10%. Je schneller man also fährt, desto mehr gewinnt die Aerodynamik an Bedeutung.

Luftwiderstandskraft
Sie wächst mit dem Quadrat der Geschwindigkeit. Wenn man also die Geschwindigkeit verdoppelt, vervierfacht sich der Luftwiderstand! Die Luftwiderstandskraft hängt von folgenden Faktoren ab: Von der Windangriffs- oder Stirnfläche von Radrennfahrer und Rennmaschine zusammen, vom Luftwiderstandsbeiwert (c_w-Wert), der wiederum von der Oberflächenbeschaffenheit von Rennfahrer, Rennmaschine und Rennkleidung abhängt, von der Luftdichte – und eben vom Quadrat der Fahrgeschwindigkeit. Der Luftwiderstand wird also um so

geringer, je kleiner die Windangriffsfläche des Rennfahrers ist (am kleinsten bei tiefer unterer Lenkerhaltung), je aerodynamisch günstiger sich Radrennfahrer und Rennrad verhalten (die Stromlinienform wird auch durch eine geschmeidige und stilistisch einwandfreie Fahrweise verbessert), je glatter die Oberfläche der Bekleidung (dies gilt besonders für das Zeitfahren) und je geringer die Luftdichte ist (daher wurden Stundenweltrekorde in großen Höhen aufgestellt). Bei Windstille und trockener Asphaltstraße ergibt sich der Gesamtwiderstand, wenn man Rollwiderstand und Luftwiderstand zusammenzählt. Aus

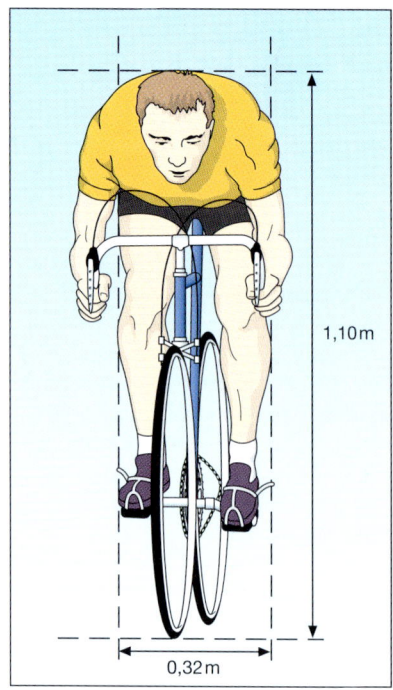

1,10 m

0,32 m

Windangriffs- oder Stirnfläche des Radrennfahrers mit Rennmaschine (hier 0,35 m^2)

der Graphik ist ersichtlich, daß man für eine Geschwindigkeit von 30 km pro Stunde (in Ebene ohne Gegenwind) eine Leistung von 150 Watt aufbringen muß, für 35 km pro Stunde eine von 240 Watt – und für 40 km pro Stunde eine Leistung von 340 Watt! Dabei ist eine mittlere bis tiefe Haltung (Windangriffsfläche ca. 0,35 m²) vorausgesetzt. Ein durchschnittlich trainierter Radsportler mit einer Höchstleistung von 250 Watt wird also im Training in der Ebene zwischen 30 und 35 km pro Stunde schaffen – mehr aber nicht. Wenn er schneller fahren möchte, muß er den Windschatten eines Vordermannes ausnutzen (siehe S. 81f.), wobei man die Höchstleistung von 240 bis 250 Watt kurzfristig als Führender bringen kann, um sich dann im Windschatten »auszuruhen«. Beim Zeitfahren im Wettkampf ist man jedoch alleine den Widerstandskräften ausgesetzt. Bei einer Alleinfahrt mit 40 km pro Stunde braucht man daher eine Leistungsfähigkeit von ca. 340 Watt. Die Durchschnittsgeschwindigkeit beim Zeitfahren liegt heutzutage bei über 50 km pro Stunde, so daß der Radsportler dann deutlich mehr als 500 Watt leisten muß – das kommt schon fast in die Nähe einer Pferdestärke!

Hangabtriebskraft

Beim Bergauffahren muß man neben dem Rollwiderstand und dem Luftwiderstand auch die Kraft aufbringen, um sich selbst und das Rennrad in größere Höhen zu transportieren. Die Fahrgeschwindigkeit wird geringer, so daß die Bedeutung des Luftwiderstandes und der Rollreibungskraft abnimmt. Die Geschwindigkeit, die beim Bergauffahren erzielbar ist, hängt von der Leistungsfähigkeit des Fahrers, dem Gesamtgewicht von Fahrer und Rennmaschine und von der Steigung ab. Daher sind diejenigen Radsportler beim Bergauffahren im Vorteil, die ein geringeres Gewicht haben. Beispielsweise erreicht der gleiche Fahrer, der mit 150 Watt Leistung in der Ebene 30 km pro Stunde zurücklegt, bei einer Steigung von 12 % und einem Körpergewicht von 70 kg nur noch 5 km pro Stunde. Wer in der Ebene 40 km pro Stunde fährt und dabei 340 Watt leistet, erreicht bei der gleichen Steigung mit dieser Leistung nur eine Geschwindigkeit von etwa 12 km pro Stunde.

Beim **Bergabfahren** wird man für diese Mühe belohnt: Die Hangabtriebskraft wird wieder frei – und erzeugt eine unter Umständen sehr hohe Geschwindigkeit. Dabei kommt die Luftwiderstandskraft wieder zur Geltung, da sie mit dem Quadrat der Geschwindigkeit ansteigt. Es gelten folgende Gesetze: Je größer das Gefälle, desto größer die freiwerdende Hangabtriebskraft; je größer das Gewicht des Fahrers, um so schneller die Geschwindigkeit beim Bergabfahren; je besser die aerodynamische Haltung, desto geringer der Luftwiderstand und desto höher die Abfahrtsgeschwindigkeit. Dabei werden nicht selten Geschwindigkeiten von über 80 km pro Stunde erreicht.

Die Technik des Bergfahrens

Bergauf kann man im Sitzen oder im Stehen fahren. Das hängt von individuellen Eigenschaften ab. Im Stehen fährt man im Wiegetritt, im Sitzen kann man den Lenker am oberen Lenkerbügel und an den Bremsgriffen fassen. Beim Bergabfahren geht man in die tiefe aerodynamische Haltung.

Wiegetritt beim Bergauffahren

Wiegetritt
Der Wiegetritt bedeutet eine athletische Beanspruchung des ganzen Körpers. Mit den Händen meist an den

Bremsgriffen geht man aus dem Sattel und verlagert das Körpergewicht jeweils auf das gestreckte Bein, während man gleichzeitig mit Armen und Rumpf einen Gegenzug am Lenker ausübt, so daß die Rennmaschine jeweils zur entgegengesetzten Seite gekippt wird. Der Rumpf bleibt jedoch immer senkrecht. Besonders bei sehr steilen Anstiegen ist man auf diese Technik angewiesen. Auch Fahrer mit relativ hohem Körpergewicht bevorzugen sie. Bergspezialisten können sehr lange Bergstrecken im Wiegetritt zurücklegen. Der Spanier Bahamontes, der »Adler von Toledo«, wechselte bei langen Paßfahrten regelmäßig zwischen Wiegetritt und sitzender Position, wobei er jeweils zwölf Pedalumdrehungen im Wiegetritt und zwölf in sitzender Position ausführte, und das in ständigem regelmäßigen Wechsel. Für diese Technik braucht der Radsportler sehr viel Kraft in der Arm-, Oberkörper-, Rumpf- und Rückenmuskulatur (siehe auch S. 96).

Bergfahrt in oberer Lenkergriffhaltung
Den oberen Lenkerbügel von oben packend kann man einen kräftigen Zug am Lenker ausüben. Dabei sitzt man im Sattel entweder weiter hinten oder weiter vorne als gewöhnlich. Der Tretvorgang ist langsamer, am oberen toten Punkt ist die Ferse gesenkt, die Fußspitze gehoben, um das Pedal kräftig nach vorne zu schieben. Die Atmung soll locker und nicht gepreßt sein.

Obere Lenker-
griffhaltung

Bergfahrt mit Bremsgriffhaltung

Sie wird bei mittleren Steigungen
bevorzugt. Man kann mit dieser Griffhaltung ebenfalls einen starken Zug
am Lenker ausüben, wobei man oft
mit dem Oberkörper leicht hin- und
herpendelt. Die Armhaltung ist breiter, so daß die Atmung unter Umständen freier als bei der oberen Lenkergriffhaltung ist. Außerdem ist es aus
der oberen Bremsgriffhaltung jeder-
zeit möglich, ohne Änderung der
Griffhaltung in den Wiegetritt über-
zugehen.

Bremsgriffhaltung

77

Bergabfahren

Der gute Radsportler faßt die Bergkuppe ins Auge – und tritt noch einmal kräftig an.

Auf der Kuppe schaltet man auf eine
größere Übersetzung, tritt mit voller
Kraft weiter und nimmt eine möglichst
aerodynamische Haltung ein. Man
umfaßt die unteren Lenkerbögen,
nimmt die Ellbogen nach innen, stellt
die Tretkurbeln und die Pedale mit
den Füßen waagerecht. Der Kopf
wird in den Nacken genommen,
damit man die Strecke genau über-
sieht. Wenn die Geschwindigkeit so
groß ist, daß sie durch weiteres Treten nicht mehr erhöht werden kann,
kann man sich ausruhen und neue
Kraft für die Fahrt in der Ebene

Nach Überwindung der Bergkuppe mit voller Kraft
hinein in die Abfahrt

schöpfen. Doch bei aller Entspannung muß man bei den auftretenden
hohen Geschwindigkeiten stark konzentriert bleiben, um Hindernisse und
Straßenunebenheiten rechtzeitig zu
erkennen. Die Kurven müssen mit ein-
wandfreier Technik durchfahren werden, durch gefühlvolles Bremsen muß
die Geschwindigkeit an die Kurven-
krümmung angepaßt werden. Die
Beinmuskulatur lockert man, indem
man sie ab und zu schüttelt und leichte Tretbewegungen nach vorwärts
oder rückwärts macht.

Achtung:

Bevor man sich mit dieser Technik in
die Abfahrt begibt, muß man sicher
sein, daß beide Reifen gut aufgeklebt
sind!

Kurvenfahren

Ein Radsportler sollte jede Kurve mit
optimaler Geschwindigkeit durchfahren können. Die auszugleichenden
Fliehkräfte hängen ab vom Gesamtgewicht des Rennfahrers und der
Rennmaschine, vom Quadrat der gefahrenen (Winkel-)Geschwindigkeit in
der Kurve und von der Krümmung
(Kurvenradius). Daraus ergibt sich:

- Die Zentrifugalkraft wird um so
  größer, je mehr Mensch und Maschine zusammen wiegen.
- Die Zentrifugalkraft wächst mit
  dem Quadrat der Geschwindigkeit.
- Die Zentrifugalkraft ist um so
  größer, je stärker die Kurve
  gekrümmt ist.

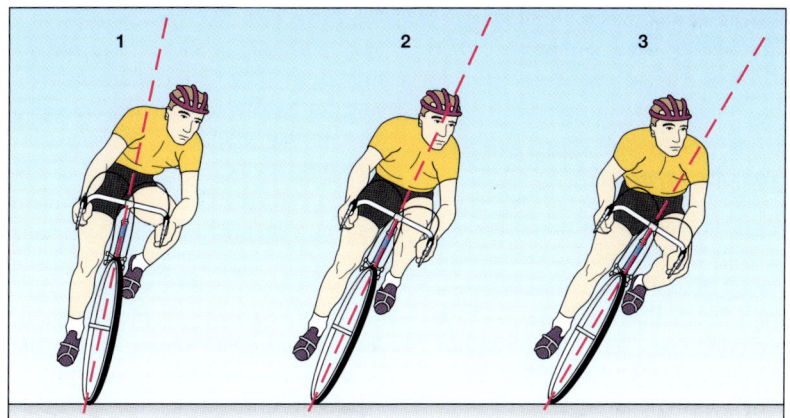

Position des Radrennfahrers in der Kurve:
1 Der Rumpf ist nach innen geneigt, nur geringe Neigung des Rennrades.
2 Der Rumpf hat die gleiche Schräglage wie das Rennrad.
3 Das Rennrad ist stärker in die Kurve geneigt als der Oberkörper.

Um diese Zentrifugalkräfte zu überwinden, kann man folgendes unternehmen: Man neigt Rennmaschine und Körper nach der Innenseite der Kurve. Dieses Gegengewicht kann man noch vergrößern, indem man den Rumpf zur Innenseite der Kurve neigt und das kurveninnere Knie herausstellt. Die Bewegung des Knies sollte man als Bewegungsreserve zurückbehalten, wenn man merkt, daß man etwas zu schnell in die Kurve gegangen ist. Die maximale Neigung, die man mit dem Rennrad auf trockenem Asphalt einnehmen kann, beträgt etwa 73°. Die Haftung wird verbessert, wenn man im Sattel nach hinten rutscht und so das Hinterrad belastet. Die günstigste Fahrlinie in der Kurve liegt theoretisch so, daß der Kurvenradius vergrößert wird. »Schneiden« soll man eine Kurve aber nur im Radrennen, wenn der Gegenverkehr abgesperrt ist.

In der Kurve sollte nicht gebremst werden, da dadurch die Bodenhaftung vermindert wird. Bremsen soll man jeweils vor der Kurve. Da die Fliehkräfte letztendlich auf die Reifen wirken, soll man diese immer gut auf die Felge aufkleben. Man sollte auch bedenken, daß die Bodenhaftung bei sehr stark aufgepumpten Reifen vermindert ist, ebenso wenn die Fahrbahnfläche durch Regen, Laub oder Sand rutschig wird.

Wenn man bei Radrennen in einer Gruppe fährt, sollte man versuchen, vor einer Kurve nach vorne zu fahren, um sich die ideale Fahrlinie selbst aussuchen zu können. Falls dies nicht möglich ist, sollte man zumindest an der inneren Kurvenseite bleiben. An der Außenseite fahrend

könnte man nämlich durch einen ab-
rutschenden oder stürzenden Fahrer
selbst zu Fall gebracht werden.

Überfahren und Überspringen von Hindernissen

Die Kontrolle über das Rad sollte
auch erhalten bleiben, wenn unver-
mittelt Hindernisse auftauchen, wie
zum Beispiel Schlaglöcher, Straßen-
bahnschienen, große Steine oder
Äste, Bordsteine und dergleichen.
Man soll im Training üben, Hindernisse zu überwinden. Schienen über-
fährt man schräg, ebenso breite Gräben. Kurze sandige Abschnitte oder
weiche Straßenstellen durchfährt man
am besten mit einem kurzen energi-
schen Antritt. Bei feuchter oder ver-
schmutzter Fahrbahn in den Kurven
muß man bereits vorher abbremsen.
Schlaglöcher, schmale Gräben, Steine oder Baumwurzeln überwindet
man am besten, wenn man das Vorderrad hochreißt. Das ruckartige
Hochreißen des Lenkers übt man am
besten an Bordsteinen. Das Hinterrad
hebt man an, wenn man das Körpergewicht nach vorne über den Lenker
verlagert und die Pedale mit den
Füßen nach oben hochreißt. Wenn
man diese beiden Bewegungen –
Hochreißen des Lenkers und des Hinterrades – gleichzeitig durchführt,
kann man mit dem Rennrad richtige
Sprünge ausführen. Gute Techniker
können im Rennen sogar gestürzte
Fahrer überspringen.
Grundsätzlich soll man auf dem Rennrad niemals träumen, sondern immer
wachsam sein. Den Verlauf der
Straße ständig im Blickfeld, achte
man auch immer auf die Beschaffen-
heit der Straßenoberfläche, um
Hindernisse rechtzeitig erkennen zu
können.

Freihändigfahren

Die Hände vom Lenker zu lösen, auf-
recht im Sattel sitzend, die Arme
locker neben dem Körper hängen zu
lassen – ist eine Erholung während
der Fahrt, entlastet die Rückenmuskulatur und schult gleichzeitig das
Gleichgewichtsgefühl. Freihändig-
fahren sollte man im Training immer
wieder üben, um sein Gefühl für das
Fahrverhalten der Rennmaschine zu
verbessern. Anfangs muß beim Üben
die Straße frei sein. Zunächst übt
man nur die Geradeausfahrt, später
auch Bögen und Kurven. Ein stabile-
res Fahrverhalten erreicht man, wenn
man bei waagerechter Tretkurbelstel-
lung die Knie an den Rahmen anlegt.
Ein anderer Grund, sich während des
Trainings und des Radrennens von
Zeit zu Zeit aufzurichten, ist, tiefer
durchatmen zu können. Im unteren
Bereich des Brustkorbes, mehr noch
aber im oberen Bereich, steigt dadurch die Dehnungsfähigkeit. Bei
nach oben gestreckten Armen nimmt
sie übrigens wieder ab. Daher ist die
von Radsportlern eingenommene auf-
rechte Haltung mit herabhängenden
Armen besser, als wenn man die
Arme – wie meist bei Atemübungen
empfohlen – über den Kopf hoch-
führt. Untersuchungen belegen, daß

die Lunge von Radsportlern bei hoch-
gehobenen Armen eine Fassungskraft
von durchschnittlich 4,8 l aufweist,
während sie bei locker neben dem
Körper hängenden Armen auf 5,2 l
steigt!

Umschauen während der Fahrt

Im Laufe der Zeit gewinnt der Radsportler ein Gespür für das, was hinter ihm vorgeht. Sowohl im Straßenverkehr wie auch im Radrennen ist
das sehr wichtig. Trotzdem wird es
häufig notwendig sein, sich durch
Zurückschauen von der Richtigkeit
seines Gefühls zu überzeugen. Auch
beim Linksabbiegen sollte man immer
umschauen und sich überzeugen,
daß das Manöver gefahrlos möglich
ist. Das ist viel wichtiger, als sich

starrsinnig auf sein Handzeichen zu
verlassen. Man sollte sich das Zurückschauen angewöhnen und es regel-
recht trainieren, damit es während
der Fahrt automatisch geht. Man
sollte diese Technik beherrschen,
ohne dabei von der Fahrlinie abzu-
weichen.

Windschattenfahren (Hinterradfahren)

Für den allein fahrenden oder den
führenden Radsportler einer Gruppe
wächst der Luftwiderstand mit dem
Quadrat seiner Geschwindigkeit. Mit
seinem Körper und seinem Rennrad
schafft er hinter sich einen Raum, in
dem ein deutlich geringerer Luftwiderstand besteht. Dieser Raum wird als
Windschatten bezeichnet. Ob man

Windschatten-
fahren:
In langer Reihe
staffelt sich das
Feld.

81

Radsporttechnik

es glaubt oder nicht: Der im Windschatten Fahrende spart gegenüber dem Führenden bis zu 40% und mehr an Leistung. Oder umgekehrt ausgedrückt: Der Führende muß gegenüber dem Feld 60 bis 70% mehr an Leistung aufbringen! Das sind Zahlen, die zunächst erstaunlich klingen – aber durch wissenschaftliche Versuche belegt sind. Das erklärt, warum relativ leistungsschwache Radrennfahrer oftmals recht gute Erfolge aufweisen können, wenn es ihnen gelingt, bis zum Ziel im Windschatten anderer Fahrer zu bleiben – um dann im Sprint vielleicht sogar zu gewinnen. Reine defensive Hinterradfahrer sind daher verständlicherweise nicht sehr beliebt. Fairerweise wird erwartet, daß man sich in einer Gruppe regelmäßig ablöst. Wenn ein Sprinter-Typ in einer Gruppe mitrollt, ohne Führungsarbeit zu übernehmen, so ist es sogar notwendig, ihn abzuschütteln, da er infolge seiner Sprinterqualitäten am Ziel als Sieger hervorgehen wird – ohne die entsprechende Vorarbeit geleistet zu haben. Meistens haben Sprinter relativ mehr schnelle Muskelfasern und daher entsprechend weniger Ausdauerfasern, so daß es ihnen nicht möglich ist, alleine das hohe Tempo zu fahren, wenn sie den Windschatten nicht als zusätzliche Hilfe haben. Wegen der hohen Leistungsersparnis durch den Windschatten ist es meistens unmöglich, einen Hinterradfahrer in der Ebene bei Windstille – und schon gar nicht bei Gegenwind – abzuschütteln. Der durch dieses Büchlein geschulte

Leser wird jedoch schon selbst ahnen, wann dies möglich sein wird, nämlich dann, wenn die Bedeutung des Luftwiderstandes abnimmt – also bei Steigungen und auch bei Rückenwind. Auch kann man den Hinterradfahrer schwächen, indem man ihm immer wieder den Windschatten entzieht. Zu diesem Zweck kann man abrupt nach rechts oder links aus der Fahrtrichtung abweichen – also sog. »Wellen« fahren – und so den »Hinterradlutscher« im Wind »stehenlassen«. Das kostet ihn Kraft, die er vielleicht nicht hat.

Die Bedeutung des Windschattens ist so groß, daß sie weitgehend die Taktik während eines Radrennens bestimmt, je nachdem welche Mannschaft welche Ziele verfolgt, welche Fahrer-Typen sich in der Gruppe befinden, wie Wind- und Streckenverhältnisse sind.

Bei der **Technik des Hinterradfahrens** ist folgendes zu beachten: Der am Hinterrad fahrende Fahrer hält einen Abstand von ca. 30 bis 40 cm (Anfänger 50 bis 60 cm) und fährt – das ist sehr wichtig! – etwa 5 bis 15 cm seitlich versetzt zum Vordermann. Nur so hat er genügend Sicht nach vorne. Tempounregelmäßigkeiten des Vordermannes können durch gefahrloses Auffahren ausgeglichen werden, ohne bremsen zu müssen. Ständiges Bremsen und Wiederantreten bedeutet einen zu großen Kraftverlust und verhindert eine gleichmäßige Fahrweise. Das Hinterradfahren erfordert ständige Aufmerksamkeit. Man

82

darf nicht starr vor sich hinsehen und träumen, sondern muß seinen Blick wachsam wandern lassen, zum Beispiel von der Schaltung des Vordermannes über den Zahnkranz, das Hinterrad, das Tretlager, die Beine und den Rücken. Es läßt sich ruhiger am Hinterrad fahren, wenn der Fixpunkt nicht zu nahe liegt. Mit zunehmender Übung wächst die Sicherheit, so daß sich der Abstand zum Vordermann von selbst verkürzt.

Fahren in der Gruppe

Wegen des Windschattens ist das Fahren in der Gruppe im Radsport viel wichtiger als das Gruppentraining in anderen Sportarten, obwohl selbstverständlich auch im Radsport das Gruppenerlebnis mit Spaß und Freude eine große Rolle spielt. Aber auch Radsportler mit geringerer Leistungsfähigkeit können in der Gruppe ein relativ hohes Tempo mithalten. Die Anordnung der in der Gruppe fahrenden Fahrer wird durch die Windrichtung bestimmt. Radsportler fahren nämlich in der Windrichtung gestaffelt hintereinander, um tatsächlich in den Genuß des Windschattens zu kommen. Der jeweils Führende muß den Luftwiderstand allein überwinden, gleichzeitig aber die Straße und ihren Verlauf recht genau beobachten, da er gewissermaßen die Verantwortung für die hinter ihm fahrenden Radsportler trägt. Hindernisse müssen in einem langen Bogen umfahren und den Hinterradfahrern signalisiert werden.

Nach Ende der Führungsarbeit geht der Führende in der Windrichtung seitlich weg und läßt sich an das Ende der Gruppe fallen. Da sich manchmal Mißverständnisse über die tatsächliche Windrichtung und das davon abhängige seitliche Weggehen ergeben, hat es sich bewährt, daß der zweite in der Gruppe zum Führenden einen gewissen Sicherheitsabstand läßt. Die Dauer der Führungsarbeit ergibt sich aus der Leistungsfähigkeit des Führenden, den Windverhältnissen und dem gefahrenen Tempo. Je höher das Tempo

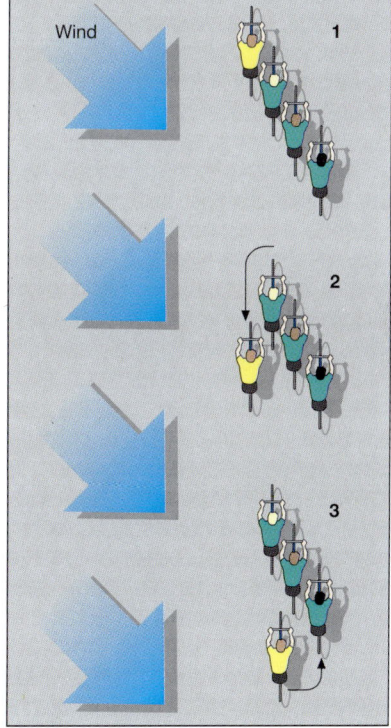

Windstaffel immer in Windrichtung, Ablösung entgegen der Windrichtung

der Gruppe wird, desto höher wird die Belastung des Führenden – und desto kürzer kann er führen. Durch regelmäßigen Führungswechsel in entsprechend kürzeren Abständen wird das Tempo aufrechterhalten. Der die Führung Übernehmende muß mit gleichem Tempo weiterfahren wie sein Vordermann, damit die Gruppe gleichmäßig weiterrollt. Den Übergang vom Windschatten zum vollen Luftwiderstand ohne Tempoverlust gleichmäßig durch Trittgefühl und Trittgeschwindigkeit zu vollziehen, erfordert eine vollkommene Technik der Gruppenarbeit. Ein schwächerer Fahrer sollte zunächst ganz auf die Führungsarbeit verzichten und sich am Ende der Gruppe aufhalten. Immer wenn der jeweils Führende sich ans Ende der Gruppe zurückfallen läßt, macht er ihm Platz und bietet ihm eine Lücke, um sich dort einzureihen. So kann man sich langsam an das Tempo und die Gruppenarbeit gewöhnen.

Doppelreihe

Bei einer Doppelreihe fahren jeweils zwei Radsportler nebeneinander. Dabei entstehen zwei nebeneinander fahrende Einzelreihen. Es gelten die gleichen Regeln wie für das Windschattenfahren in einer Einzelreihe. Die Ablösung an der Spitze erfolgt jedoch anders:
Auf ein Zeichen (Kopfnicken, Heben des kleinen Fingers u. a.) lösen die beiden Führenden nach außen ab, d.h. der auf der rechten Seite fahrende Fahrer läßt sich nach rechts, der auf der linken Seite fahrende nach links an der Außenseite der Gruppe zurückfallen, aber möglichst nicht auf gleicher Höhe, sondern diagonal versetzt, damit für die in der Reihe fahrenden Fahrer kein Engpaß entsteht. Trainingsgruppen fahren meistens in der Doppelreihe.

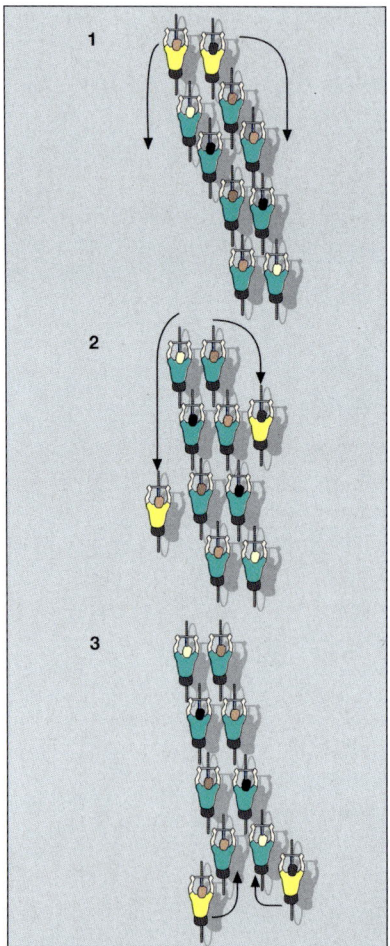

Doppelreihe: Ablösung erfolgt nach außen und etwas gegeneinander versetzt.

Belgische Reihe oder Kreisel

Nicht alle beherrschen diese Technik. Sie empfiehlt sich besonders bei kleinen Gruppen mit großem Tempo. Eigentlich handelt es sich um zwei Einzelreihen, die gegeneinander versetzt im Windschatten nach Art einer Kreisformation fahren. Es gibt nur einen Führenden, der solange führt, bis er mit seinem Hinterrad am Vorderrad seines ehemaligen Vordermannes vorbeigezogen ist. Dann setzt er sich seitlich neben den Überholten und wird seinerseits wieder überholt. Diese intelligente Gruppenarbeit bedeutet, daß jeder Fahrer ständig Windschatten von seinem Vordermann hat, außer wenn er gerade selbst führen muß. Die Reihe,

oben:
Doppelreihe im
Radrennen

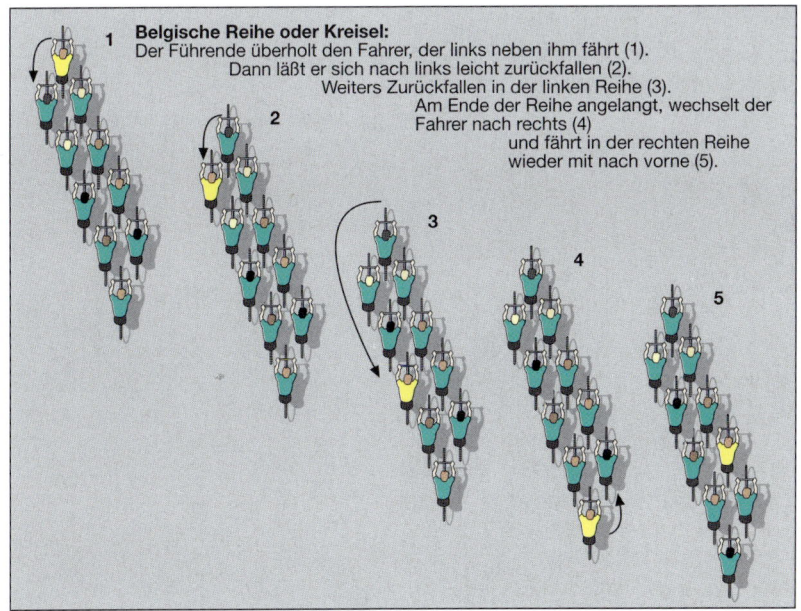

Belgische Reihe oder Kreisel:
Der Führende überholt den Fahrer, der links neben ihm fährt (1).
Dann läßt er sich nach links leicht zurückfallen (2).
Weiters Zurückfallen in der linken Reihe (3).
Am Ende der Reihe angelangt, wechselt der Fahrer nach rechts (4)
und fährt in der rechten Reihe wieder mit nach vorne (5).

die sich zurückfallen läßt, fährt etwas langsamer als die überholende Reihe. Diese Belgische Reihe (»Belgischer Kreisel«) muß im Training gründlich geübt werden, damit sie im Rennen anwendbar ist.

Fahren auf der »Windkante«

Bei seitlicher Windrichtung staffelt sich die Gruppe seitlich. Diese seitliche Staffelung hat ihre Grenze in der Straßenbreite (im Rennen) und in der halben Straßenbreite (im Trai-

ning). Fahrer, die in der seitlich gestaffelten Gruppe keinen Platz mehr finden, »stehen im Wind«. Sie haben eine sehr ungünstige Position im Feld, da ihnen der Windschatten ihres Vordermannes nichts nützt, weil dieser seitlich liegt, sie aber sich nicht mehr seitlich einordnen können, da hier bereits die Straße aufhört. Wenn die Gruppe das Tempo hochhält oder sogar verschärft, werden die auf der »Windkante« fahrenden Fahrer große Mühe haben, das Tempo zu halten, da ihnen der Windschatten fehlt. Wenn sie starrsinnig darauf abzielen, das Tempo trotzdem mitzuhalten, werden sie bis zur Erschöpfung fahren – und dann den Anschluß verlieren. Die einzige Rettung liegt darin, eine neue Staffel zu bilden und mit ihr in gemeinsamer Arbeit den Abstand zur führenden Gruppe nicht größer werden zu lassen.

Wind

Der Wind kommt von rechts:
Die Fahrer staffeln sich nach links, die übrigen Fahrer fahren an der »Windkante«.

Radsporttraining

Wie in allen Sportarten muß man auch im Radsport immer bedenken, in welcher Kategorie man Sport betreibt, d. h., mit welcher Intensität und mit welchem Umfang man trainiert und welche Ziele man verfolgt. Man unterscheidet hier den Breiten- und Gesundheitssport sowie den Leistungs- und Hochleistungssport. Nicht die Länge der Strecke unterscheidet diese Kategorien, sondern die Intensität, mit der gefahren wird. Stößt der Mensch im Hochleistungssport an die Grenzen seiner Belastbarkeit, so darf man die dann auftretenden Schäden nicht dem Breiten- und Gesundheitssport anlasten.

Doch nimmt der Radsport sowieso eine besondere Stellung ein, da gesundheitliche Schäden auch im Hochleistungsbereich kaum auftreten. Der Radsport demonstriert uns, wie belastbar der menschliche Körper ist. Belastungen, wie sie zum Beispiel bei der »Tour de France« auftreten, sind im »Labor« gar nicht nachzuahmen, da der menschliche Wille nur unter den extremen Bedingungen in »freier Wildbahn« in der Lage ist, diese Leistungen zu vollbringen.

Der volle Antritt im Radrennen erfordert neben einer großen Sauerstoffaufnahmefähigkeit auch eine hohe Kraftausdauer.

87

Anpassung des Organismus

Radsportler erreichen die höchsten maximalen Sauerstoffaufnahmewerte pro Kilogramm Körpergewicht, das größte Herzvolumen und den niedrigsten Ruhepuls von allen Sportlern. Neben der höchsten Ausdauerleistungsfähigkeit besitzen Radsportler auch erhebliche Kräfte: Man hat Druckwerte von über 300 kg auf die Pedale gemessen, und das bei einem Körpergewicht von meistens weniger als 78 kg, das Radsportler der Spitzenklasse selten überschreiten. Man kann sagen: Der Radsport formt den menschlichen Organismus im körperlichen und geistigen, aber auch im seelischen Bereich. Er ist somit geeignet, eine harmonische Entwicklung des Menschen zu fördern. Außerdem führt er zu einer biologischen Verjüngung, allein dadurch, daß er die Sauerstoffaufnahmefähigkeit anhebt, so daß diese wieder der in jüngeren Jahren entspricht.

Die Grundlage für alle Radsportdisziplinen sind sehr gute Leistungen im Ausdauerbereich, gepaart mit Kraft und Schnelligkeit. In Straßenrennen ist es oftmals notwendig, bei Tempowechsel, Zwischenspurts, Ausreißversuchen, Bezwingen von Steigungen und dergleichen die Schwelle der maximalen Sauerstoffaufnahmefähigkeit zu überschreiten und eine Sauerstoffschuld (anaerobe Belastungen) einzugehen – und sich von diesen Belastungen schnell wieder zu erholen.

Dazu ist auch ein schneller Wechsel der Tretgeschwindigkeit notwendig. Beim Zeitfahren muß man dagegen fähig sein, über die ganze Distanz große Gänge zu fahren und die Leistung an der obersten Grenze der maximalen Sauerstoffaufnahmefähigkeit (aerobe Dauerleistungsfähigkeit) zu halten. Dabei ist die Abstimmung zwischen Ausdauer und Kraft eine Wissenschaft für sich (siehe S. 94 ff.).

Entwicklung der Muskulatur

Es ist offensichtlich, daß im Radsport die Muskulatur der Beine und der Hüften von größter Bedeutung ist, da sie die Tretbewegung ausführt. Hier entwickelt sich auch die sportarztspezifische Muskelfaserverteilung mit dem höchsten Anteil von Ausdauerfasern.

Doch ist die Muskulatur des übrigen Körpers auf andere Art und Weise genauso wichtig. So braucht man die Atemmuskulatur des Brustkorbes und das Zwerchfell für die Bewegung und Belüftung der Lungen. Die Muskulatur der Arme, der Schultern und des Rückens müssen bei ruhiger Fahrweise zunächst eine beträchtliche Haltearbeit verrichten und im Wiegetritt in dynamische Arbeit übergehen. Dabei gewinnt auch die Bauchmuskulatur an Bedeutung.

Die optimale Struktur und das richtige Verhältnis von Bein- und Hüftmuskulatur bilden sich durch richtiges radsportspezifisches Training heraus. Schwachpunkte des Radsportlers sind jedoch erfahrungsgemäß die Musku-

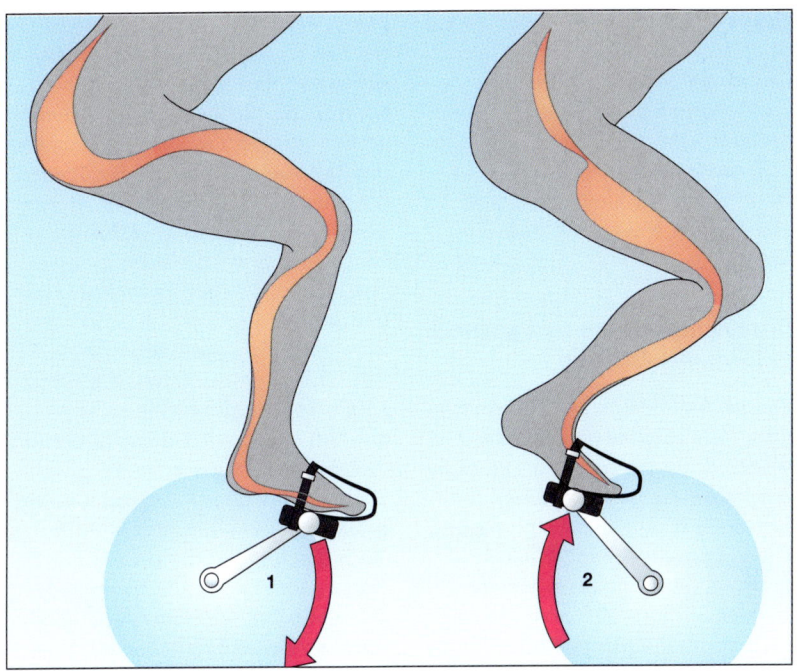

Die dynamischen Beinmuskelschlingen beim Radfahren: Streckschlinge beim Hinabdrücken des Pedals (1), Beugeschlinge beim Hochziehen des Pedals (2). Beanspruchung auf aerobe dynamische Ausdauer.

latur des Rückens, des Bauches, des Schultergürtels und der Arme. Sie werden durch die relativ kurzen Beanspruchungen bei den Trainingsfahrten zu wenig ausgebildet, so daß die notwendige Kraft bei der stärkeren Beanspruchung im Rennen oft fehlt. Daher ist für die Muskulatur oberhalb des Beckengürtels ein gezieltes Ausgleichs- und Konditionstraining als Vorbereitung auf Wettkämpfe durch ein allgemein-athletisches oder radsportspezifisches Krafttraining zu empfehlen (siehe S. 96).

Entwicklung der inneren Organe und des Stoffwechsels

Die Leistungen der Muskulatur werden auf Dauer erst durch sekundäre Anpassung der inneren Organe ermöglicht. Gehirn und Nervensystem müssen die Impulse geben und die Willenskraft entfalten. Verdauungssystem und Stoffwechsel müssen die Energie nachliefern, die in der Muskulatur verbraucht wurde. Atmung und Herz-Kreislauf-System müssen dafür sorgen, daß genügend Blut und

89

Sauerstoff an die arbeitenden Zellen gelangen. Bei ausreichender Intensität vergrößern sich dabei ihre Dimensionen im Sinne eines vergrößerten Sportlerherzens, einer Vergrößerung der Lungenfaßkraft und einer Neubildung von kleineren Blutgefäßen in der Muskulatur (Kapillarisierung).

Anpassungsstufen und gesundheitliche Bedeutung

Von den konditionellen Fähigkeiten Kraft, Schnelligkeit und Ausdauer ist für den Radsportler die Ausdauer die wichtigste. Ausdauer bedeutet die Fähigkeit, eine möglichst große Leistung über einen möglichst langen Zeitraum ohne Ermüdung durchhalten zu können. Sie nimmt vom untrainierten zum stark ausdauertrainierten Zustand kontinuierlich zu, braucht aber Zeit und die entsprechende Belastung, um sich entwickeln zu können. Diese Entwicklung geht in zwei Anpassungsstufen vor sich.

Anpassungsstufe 1 (Grundlagenausdauer)

Am Anfang eines Trainings kommt es zunächst zu einer Anpassung des vegetativen Nervensystems, des Kreislaufes und des Energiestoffwechsels in den Muskelzellen. Diese Stufe ist im Breiten- und Gesundheitssport gleichzeitig die Endstufe. Bereits diese Stufe verbessert deutlich die Leistungsfähigkeit und hat außerdem große gesundheitliche Bedeutung. Die Einstellung des vegetativen Nervensystems wird vom Sympathikus auf den Parasympathikus verlagert, den Anteil, der Ruhe- und Regenerationsfähigkeit fördert. Allein dadurch schlägt das Herz in Ruhe langsamer, der Blutdruck in Ruhe bei gegebenen Belastungsstufen ist niedriger. Durch die längeren Pausen zwischen zwei Herzschlägen wird das Herz besser durchblutet. Das Schlagvolumen des Herzens wird größer, ohne daß das Herz zunächst selbst vergrößert wird. Das bedeutet eine verbesserte Ökonomie der Herzarbeit mit entsprechender Herabsetzung des Sauerstoffverbrauches. Daher kann bei gleichbleibendem Sauerstoffangebot eine größere Leistung erbracht werden. Auch durch die Verbesserung des Bewegungsablaufes beim Radfahren (Koordination) wird Sauerstoff gespart, so daß mit der gleichen Sauerstoffmenge eine größere Leistung vollbracht werden kann. Der Reiz für diese Anpassungserscheinungen geht von der Arbeitsmuskulatur aus, in der die energetischen Prozesse stattfinden, die durch die Ausdauerbelastung in Gang gebracht werden. Das Ausdauertraining ist daher eigentlich ein Stoffwechseltraining. Herz, Kreislauf und Lunge haben die Aufgabe, gewissermaßen als Diener des peripheren Stoffwechsels den Bedürfnissen der Arbeitsmuskulatur zu entsprechen. Durch Verbesserung des Fettstoffwechsels wird eine Gewichtsabnahme erleichtert, erhöhte Blutfettspiegel können sinken, Schutzmaßnahmen gegen Arterienverkalkung kommen in Gang. Allein diese Stufe kann alle durch Bewegungsarmut entstandenen Krankheiten (Zivilisationskrankheiten) günstig beeinflussen.

Anpassungsstufe 2 (Wettkampfspezifische Ausdauer)

Diese Stufe erfordert ein umfangreiches und intensives Leistungstraining. Erst dann werden die Dimensionen der inneren Organe vergrößert. In Anpassungsstufe 1 werden die Organfunktionen ohne Organvergrößerung verbessert. In Stufe 2 vergrößert sich das Herz, die Lunge und die Leber als größtes Stoffwechselorgan. Auch eine Anpassung von Hormondrüsen ist festzustellen (Nebennierenrinde, Hirnanhangdrüse, Bauchspeicheldrüse, Schilddrüse), weil sie als Stoffwechselregulatoren große Bedeutung haben. In der Arbeitsmuskulatur kommt es zu einer Umwandlung der Muskelfasern in Ausdauerfasern mit dem Ziel, mehr Energie mit mehr Sauerstoff über längere Zeit ohne Ermüdung zu produzieren. Diese Stufe bringt gegenüber Stufe 1 in bezug auf die gesundheitliche Bedeutung keine weiteren Vorteile, ist aber für den Leistungs- und Hochleistungssportler wegen der hohen Belastungsintensität im Training und Wettkampf von Bedeutung.

Physiologische Kennziffern des Radsportlers

Radsporttraining führt zu ganz spezifischen anatomischen und physiologischen Anpassungen beim Menschen, die bereits im Breiten- und Gesund-heitssport von großer gesundheitlicher Bedeutung sind. Die Anpassungen sind um so stärker ausgeprägt, je intensiver und umfangreicher das Radsporttraining wird. Sie nehmen also vom Breiten- und Gesundheitssport über den Leistungs- zum Hochleistungssport zu. Das bezieht sich insbesondere auf die maximale Leistung in Watt, die maximale Sauerstoffaufnahmefähigkeit insgesamt und, bezogen auf das Körpergewicht, auf das Herzvolumen insgesamt und relativ zum Körpergewicht und auf das Fas-

Kraftentfaltung auf dem Rennrad mit hohem Einsatz auch der Arme, des Oberkörpers und des Rumpfes.

sungsvermögen (Vitalkapazität) der Lungen. Die maximale Leistung in Watt kann durch Fahrradergometrie, die Vitalkapazität der Lungen durch Lungenfunktionsprüfung bei fast jedem Arzt getestet werden. Die maximale Sauerstoffaufnahmefähigkeit läßt sich aus der Pulsfrequenz für verschiedene Watt-Belastungen bei der Fahrradergometrie annähernd errechnen. Insbesondere bei einem Lebensalter über 35 Jahren sollte vor Beginn des Trainings eine ärztliche Untersuchung vorgenommen werden. Die von Berufsradrennfahrern erreichten Höchstwerte physiologischer Anpassungen sind in der Tabelle aufgeführt.

Merke
Physiologische Leistungsdaten alleine sind jedoch keine Garantie für Höchstleistungen. Hohe Leistungsfähigkeit muß durch hohe Leistungsbereitschaft umgesetzt und entfaltet werden. Es gibt immer wieder Radsportler mit weniger guten physiologischen Kennziffern, die besser ausgestattete Konkurrenten durch höhere Willenskraft besiegen. Denn zu einem wirklichen Radsportler gehört die Entfaltung der gesamten Persönlichkeit (siehe auch unten).

Physiologische Kennziffern von Radsportlern im Breiten- und Gesundheitssport, Leistungssport und Hochleistungssport

Leistungsbereich	Max. Leistung (Watt)	Max. Sauerstoffaufnahme (l/min)	Max. Sauerstoffaufnahme pro kg Körpergewicht (ml/kg min)	Herzvolumen absolut (ml)	Herzvolumen pro kg Körpergewicht (ml/kg)	Vitalkapazität der Lungen (l)
Breiten- und Gesundheitssport	200–250	3 –3,5	35–55	500– 800	8–12	3–4
Leistungssport	300–400	4 –4,5	60–70	900–1100	10–14	4–5
Hochleistungssport	400–550	4,5–6,5	70–90	1200–1400	14–19	5–7

Physiologische Höchstwerte bei Berufsradrennfahrern

maximale Sauerstoffaufnahme	6,7 l/min
maximale Sauerstoffaufnahme pro kg Körpergewicht	90 ml/min
maximale Leistung	550 Watt
absolutes Herzvolumen	1400 ml
relatives Herzvolumen	19 ml/kg KG
Vitalkapazität der Lungen	7,2 l

Allgemeine Körperbaumerkmale

Körpergewicht
70–80 kg

Fettfalten
(Rückseite Oberarm und über dem Schulterblatt) 4–6 mm

Gezielte Anpassung durch gezieltes Training

»Struktur und Funktion eines Organs werden bestimmt vom Erbgut sowie von der Quantität und Qualität seiner Beanspruchung.« Diese biologische Grundregel besagt, daß die Struktur und Funktion des Organismus durch die von ihm verlangte Beanspruchung geprägt wird. Wenn man gezielte Anpassungen erreichen möchte, muß man vom Organismus gezielte Belastungen verlangen. Entscheidend dabei ist das richtige Maß: Die Quantität des Trainings bestimmt die Quantität der Trainingswirkungen. Das ist ein Naturgesetz (Quantitätsgesetz). Ein Übermaß an Training (»Übertraining«) bewirkt nachteilige Veränderungen mit Funktionsstörungen und Leistungsminderung. Auch das Gegenteil, nämlich Trainingsmangel, führt zu Verlust von Anpassungserscheinungen und damit zu Leistungsminderung. Die Qualität des Trainings bestimmt die Qualität der Trainingswirkungen (Qualitätsgesetz). Die Höchstleistung des Radsportlers wird demnach von folgenden drei Faktoren getragen:

● Persönlichkeit (fester Charakter, starker Wille, hohe Motivation, gutes Trainingswissen)
● allgemeine und spezielle Kondition (Ausdauer, Kraft, Schnelligkeit, Gelenkigkeit)
● Optimierung von Technik und Taktik

Die Persönlichkeit des Radsportlers

Bereits früher wurde betont, daß die Ausbildung der Muskelfaserstruktur ganz entscheidend von den übergeordneten Nervenimpulsen abhängt. Nervenfasern und zugehörige Muskelfasern bilden eine sog. motorische Einheit. Die Nervenimpulse kommen vom Gehirn und Rückenmark des Menschen. Dafür gilt der Satz: »Je größer der Wille – desto größer der Energiefluß.« Die Nervenzentrale des Radsportlers sollte immer gut aufgeladen sein. Dazu gehört neben einer sportgerechten Lebensweise eine gute Motivation. Man muß wissen, warum man was trainiert. Die Bewußtheit im Training ist als leistungssteigernder Faktor ganz entscheidend. Leistungsfördernd wirkt daher auch ein gutes theoretisches Trainingswissen, das durch dieses Büchlein vermittelt werden soll. Weiter wichtig ist ein fester Charakter und ein starker Wille, der es ermöglicht, mit Beharrlichkeit sich selbst zu überwinden, auch wenn man keine Lust zum Training hat, wenn das Wetter schlecht ist, wenn man müde ist oder Mißerfolge erlitten hat. Man muß die eigenen Leistungsgrenzen erkennen und wissen, wann der richtige Trainingseffekt erreicht ist. Man muß sich selbst beobachten und beurteilen können. Der Radsportler muß mit Streß fertig werden und sich konzentrieren können (Hinterradfahren, Straßenverkehr, Bergabfahren mit hoher Geschwindigkeit, Zeitfahren u. a.). Umgekehrt wirken die Trainingsbelastungen (Ausdauer, Kraft, Schnelligkeit, Gelenkigkeit) auf die Ausbildung der Persönlichkeit zurück. Wenn man sich entschließt, Radrennen zu fahren, muß der Wille zum Sieg vorhanden sein. Im Radrennen muß man die Attacke wagen, muß es einfach versuchen wollen, muß motiviert sein, alles zu riskieren, wenn man siegen will. Nicht nur durch körperliche Leistungsfähigkeit, sondern durch spezielle Persönlichkeitseigenschaften werden Radsportler zu Siegfahrern. Selbst wenn andere in der gleichen Lage ihrer Erschöp-

fung nachgeben und die Beine »hängen« lassen, ist der Siegfahrer in der Lage, durch Willenskraft noch einige Quentchen Energie zu mobilisieren – die dann zum Sieg reichen.

Das spezielle Training des Radsportlers

Die gute Form im Radsport äußert sich darin, daß man das Gefühl hat, das Rennrad fahre von alleine und man müsse nur noch lenken. Doch bis es soweit ist, muß man jede Einzelfähigkeit einzeln trainieren – nach einem ausgewogenen Trainingsplan. Eine Übersicht soll die Komponenten des Radsporttrainings und ihre Ziele charakterisieren:

Ausdauertraining
Ausdauer bedeutet die Fähigkeit, eine gegebene Leistung über einen langen Zeitraum durchhalten zu können, ohne zu ermüden. Es ist wichtig, Grundlagen-Ausdauer und wettkampfspezifische Ausdauer zu unterscheiden.
Die **Grundlagen-Ausdauer** bildet die Grundlage für die Verträglichkeit intensiver Belastungen. Sie wird mit einem Training geringer bis mittlerer Intensität (zum Beispiel 25 bis 30 km pro Stunde), hoher Tretfrequenz mit geringem Krafteinsatz (Übersetzung zum Beispiel 42/17) und großem Trainingsumfang (je nach Leistungsstand 60 bis über 200 km) ausgebildet. Dadurch werden die gewünschten Ausdauerfasern in der Arbeitsmuskulatur entwickelt. Die Energie

wird überwiegend durch den Fettstoffwechsel geliefert. Die Muskulatur bleibt dünn, wird besser durchblutet und mit Sauerstoff versorgt. Alle Anpassungserscheinungen der Stufe I (siehe S. 101) werden erreicht.

Die **wettkampfspezifische Ausdauer** dagegen ist durch eine höhere Intensität (Geschwindigkeit ca. 35 bis 40 km pro Stunde) mit größeren Gängen (zum Beispiel 53/16), gleichbleibend hoher Tretfrequenz (90 bis 100 Umdrehungen pro Minute) und einem Umfang gekennzeichnet, der in etwa der Wettkampfstrecke entspricht oder über sie hinausgeht. Die Intensität der Belastung geht an die Grenze der maximalen Sauerstoffaufnahmefähigkeit heran. Das bedeutet für den Energiestoffwechsel, daß Kohlenhydrate zunehmend als Energielieferanten (wegen ihres Sauerstoffgehaltes) zur Energiegewinnung herangezogen werden müssen.

Schnelligkeitstraining

Die Aktionsschnelligkeit im Radsport wird durch Sprints mit maximalen Umdrehungszahlen (120 bis 160 Umdrehungen pro Minute) mit kleinen Übersetzungen (zum Beispiel 42/15) trainiert. Dabei werden Strecken von 100 bis 250 m mit maximaler Tretgeschwindigkeit zurückgelegt. 3 bis 5 solcher Sprints bilden eine Serie. Erholungszeit zwischen den Sprints 3 bis 4 Minuten. Zwischen 2 Serien soll eine vollständige Erholung eintreten. Daher soll die Pause ausreichend lang sein (15 bis 25 Minuten). 2 bis 4 solcher Serien bilden eine Übungs-

einheit. Der Krafteinsatz bei der Schnelligkeitsschulung soll nur so groß sein, daß man gerade noch etwas Druck auf die Pedale bringt.

Der Wille zum Sieg prägt die Siegerpersönlichkeit.

Schnelligkeitsausdauertraining

Dazu wird z. B. eine Strecke von etwa 400 bis 1000 m in gleichbleibend hohem Tempo und mit hoher Tretgeschwindigkeit (110 bis 120 Umdrehungen pro Minute) gefahren. Die Belastungsintensität liegt nur wenig unter der maximalen Leistungsfähigkeit.

Kraftausdauertraining

Die Fähigkeit, mit hohem Krafteinsatz lange Zeit ohne Ermüdung treten zu können, zeichnet den fortgeschrittenen Radrennfahrer aus. Kraftausdauertraining wird mit großem Krafteinsatz bei großen Gängen (zum Beispiel 53/16 bis 53/15) und trotzdem hoher Tretfrequenz (95 bis 110 Umdrehungen pro Minute) trainiert. Die Länge der Kraftausdauerserien kann 45 Sekunden bis 2 Minuten (Kurzzeitausdauer) oder 2 Minuten bis 10 Minuten (Mittelzeitausdauer) betragen. Je kürzer die Teilstrecke – desto höher das Tempo, und umgekehrt. Dabei entsteht im anaeroben Stoffwechsel Milchsäure, die durch genügend lange Pausen, in denen man mit langsamem Tempo weiterfährt, wieder abgebaut werden muß.

Krafttraining

Ausgesprochenes Krafttraining ist für die Beinmuskulatur des Radsportlers nicht unbedingt notwendig und kann sogar nachteilig sein, wenn durch zu starken Umbau der Muskelfaserstruktur die Ausdauerleistungsfähigkeit ab- und die Dicke der Muskelfasern zu stark zunimmt. Dicke Muskelfasern sind nämlich schwerer mit Nährstoffen und Sauerstoff zu versorgen. Dadurch könnte die Ausdauerleistungsfähigkeit abnehmen. Von Nutzen ist jedoch gezieltes Krafttraining im Sinne eines Ausgleichstrainings für Schwachpunkte der übrigen Körpermuskulatur (Arme und Schultergürtel, Brustmuskulatur, Bauch- und Rückenmuskulatur; siehe auch S. 109). Denn diese Muskulatur hat beträchtliche Haltearbeit während des Tretvorganges und auch dynamische Arbeit, zum Beispiel beim Wiegetritt im Bergauffahren, bei Sprints und Ausreißversuchen, zu leisten. Die Kräftigung dieser Muskulatur erfolgt weniger durch das Radfahren selbst, sondern viel zeitsparender und gezielter durch ein spezielles Krafttraining.

Gelenkigkeitstraining

Das Training der Gelenkigkeit wird oftmals vernachlässigt, weil man deren Bedeutung unterschätzt. Der Radsportler sollte besonders seine Wirbelsäule elastisch und beweglich halten, um Rückenbeschwerden vorzubeugen. Der Sinn eines Gelenkigkeitstrainings besteht darin, Bewegungsreserven zu schaffen. Das ermöglicht eine lockere Haltung auf dem Rennrad – und Leistungsreserven im Grenzbereich. Bei zwei gleich starken Radsportlern kann derjenige seine Energiereserven leichter und besser mobilisieren, dem im Bewegungsablauf noch Bewegungsreserven zur Verfügung stehen. Jeder Radsportler sollte es sich zur Gewohnheit machen, jeden Morgen ein entsprechendes Gymnastik- oder Yoga-Programm zur Schulung der Gelenkigkeit durchzuführen (siehe S. 109).

Techniktraining

Durch eine konsequente Schulung der Radsporttechnik (siehe S. 72 ff.) können die durch Training erworbenen konditionellen Fähigkeiten (Ausdauer, Schnelligkeit, Kraft, Gelenkigkeit) mit dem Rennrad erfolgreich in Geschwindigkeit umgesetzt werden. Ziel ist die Entwicklung einer optimalen Bewegungskoordination und Körperbeherrschung bei verschiedenen Situationen im Radsporttraining und -wettkampf.

Intensitätsbereiche – Bausteine des Trainingsprozesses

Das moderne Trainingskonzept geht dahin, einen möglichst großen Trainingszuwachs mit relativ geringem Zeitaufwand zu ermöglichen. Zu diesem Zweck werden u.a. leistungsphysiologische Daten, die durch Belastungsprüfungen (zum Beispiel auf dem Fahrradergometer) gewonnen werden, als Grundlage für die Trainingssteuerung herangezogen. Das Training wird nach Intensitätsbereichen aufgeschlüsselt, die als Bausteine im Trainingsplan gezielt kombiniert werden. Auf diese Weise kann der Trainingsprozeß individuell dem aktuellen Leistungsvermögen angepaßt werden. Diese Intensitätsbereiche sollen im folgenden charakterisiert werden, damit man sie bewußt in den Trainingsplan einbauen kann. Zuvor müssen zum Verständnis jedoch einige Grundlagen vermittelt werden:

Mit zunehmender Leistung steigt der Sauerstoffbedarf – bis die eigene maximale Sauerstoffaufnahmefähigkeit (VO_2max) erreicht ist. Bis dahin kann die Leistung mit Sauerstoff erbracht werden (aerobe Energiegewinnung). Wird eine höhere Leistung gefordert, muß der Organismus eine Sauerstoffschuld eingehen – und die Energiegewinnung muß teilweise anaerob erfolgen, d.h., es entsteht Milchsäure. Man sagt auch in der Umgangsspra-

Zusammenhang zwischen Intensitätsstufe und Lebensalter

Intensitätsstufe	Max. Sauerstoffaufnahme (in %)	Trainingsherzfrequenz (Schläge/Min.) LA= Lebensalter	Beispiele verschiedener Lebensjahre				
			20 J.	30 J.	40 J.	50 J.	60 J.
			Trainingsfrequenz				
I	40–60	160 ./. LA	140	130	120	110	100
II	60–70	170 ./. LA	150	140	130	120	110
III	70–80	180 ./. LA	160	150	140	130	120
IV	80–90	190 ./. LA	170	160	150	140	130
V	90–100	200 ./. LA	180	170	160	150	–
VI	100–120	210 ./. LA	190	180	170	–	–

che: Man wird »sauer«. Als aerob-anaerobe Schwelle bezeichnet man diejenige Milchsäuremenge im Blut, die die Grenze zwischen aerober und anaerober Energiegewinnung anzeigt. Ab diesem Punkt steigen die Milchsäurewerte steil an. Der Effekt eines Ausdauertrainings besteht darin, diesen Punkt in immer höhere Leistungsstufen hinauszuschieben, so daß man fähig wird, immer größere Leistungen ohne Sauerstoffschuld zu vollbringen. Ein weiterer Trainingseffekt zeigt sich darin, daß bei gleichen Belastungen das Herz mit weniger Schlägen auskommt. Die sogenannte Laktatleistungskurve ist für den aktuellen Leistungsstand charakteristisch. Sie wird im Hochleistungssport zur Trainingssteuerung herangezogen. Jedoch ist dies im Breiten- und Gesundheitssport sowie auch im Leistungssport nicht immer möglich. Aber es gibt genügend indirekte Zeichen, um auch dieser Gruppe diese Erkenntnisse zukommen zu lassen. Es genügt zum Beispiel, beim Hausarzt eine Fahrradergometerbelastung durchführen zu lassen und die Herzfrequenz für die verschiedenen Belastungsstufen zu messen.

Eine andere Möglichkeit ist die, in Abständen von ca. 4 Wochen ein »privates« Zeitfahren über 5 km durchzuführen. Die dabei gefahrene maximale Geschwindigkeit und dabei erreichte Herzfrequenz, die man sofort am Ende der Strecke mißt, wird gleich 100% Intensität gesetzt. Diese Werte dürften ungefähr der Leistung im Bereich der aerob-anaeroben

Schwelle entsprechen. Die darauf aufbauenden Fahrgeschwindigkeiten für die verschiedenen Intensitätsbereiche beziehen sich alle auf Alleinfahrten bei Windstille. Bei Gegen- oder Rückenwind sowie beim Windschattenfahren muß man die Intensitätsbereiche durch andere indirekte Zeichen finden.

Es ist wichtig, sich die folgenden charakterisierten Intensitätsbereiche völlig bewußt zu machen, um später auf intelligente Weise seinen eigenen Leistungszuwachs optimal steuern zu können.

Intensitätsbereich I

Trainingsziel
Regeneratives Training, aktive Erholung, Schulung des runden Trittes, Training des Fettstoffwechsels.

Intensität
Man fährt etwa mit 40 bis 60% der maximalen Sauerstoffaufnahmefähigkeit. Dabei kann man sich unterhalten und mehrere Sätze im Zusammenhang sprechen. Die Atmung ist ruhig. Die Herzfrequenz liegt bei etwa 160 Schlägen pro Minute abzüglich Lebensalter. Die Fahrgeschwindigkeit liegt im Breitensport bei etwa 15 bis 20 km/h, im Leistungssport bei etwa 25 bis 28 km/h. Kleine Gänge (z. B. 42/18).

Subjektives Gefühl
Man fühlt sich frei und locker, genießt die sauerstoffreiche Luft und den lockeren runden Tritt. Man ist gelöst und unterhält sich gerne. Man

hat Zeit, die Gegend auf sich wirken zu lassen.

Streckenlänge
Im Breitensport ca. 20 bis 40 km. Im Leistungs- und Hochleistungssport ca. 60 bis 100 km oder mehr.

Intensitätsbereich II
Trainingsziel
Training der Grundlagenausdauer und damit vor allem des Fettstoffwechsels. Im Gegensatz zum intensiven Ausdauertraining wird diese Stufe extensives Ausdauertraining genannt. Schulung des Bewegungsablaufes, runder Tritt, hohe Tretfrequenz, kleine Gänge.

Intensität
Etwa 60 bis 70% der maximalen Sauerstoffaufnahmefähigkeit. Die At-

mung ist leicht beschleunigt. Man kann aber noch längere Sätze ohne Atemnot sprechen. Die Herzfrequenz liegt bei etwa 170 Schlägen pro Minute abzüglich Lebensalter. Die Fahrgeschwindigkeit liegt im Breitensport bei etwa 20 bis 25 km pro Stunde. Im Leistungssport bei etwa 30 km pro Stunde. Übersetzung ca. 42/17.

Subjektives Gefühl
Gewisses Tempogefühl, aber nicht unangenehm. Man fühlt sich frei, schaut sich die Gegend an, unterhält sich noch ohne Schwierigkeiten. Atmung und Herzschlag sind kaum spürbar.

Streckenlänge
Breitensport ca. 30 bis 40 km. Leistungssport ca. 80 bis 120 km oder mehr.

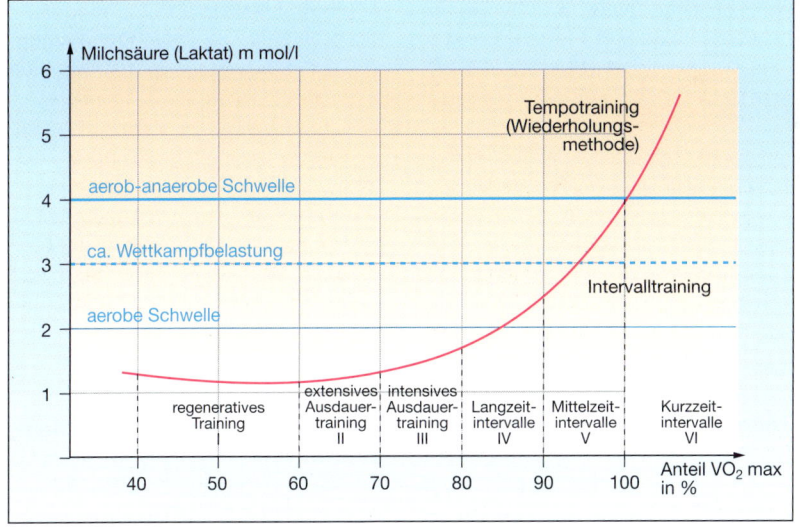

Intensitätsbereiche und Laktat-Leistungskurve

Intensitätsbereich III

Trainingsziel
Intensives Ausdauertraining, Ausbildung von Tempohärte, Willensschulung. Der Energiestoffwechsel arbeitet teils mit dem Fett-, teils mit dem Kohlenhydratstoffwechsel: Muskelglykogen wird verbraucht. Jedoch aerobe Energiegewinnung mit Sauerstoff, noch keine wesentliche Milchsäurebildung. Training der aeroben Kapazität, des Fett- und Kohlenhydratstoffwechsels.

Intensität
Etwa 70 bis 80% der maximalen Sauerstoffaufnahmefähigkeit. Die Atmung ist spürbar beschleunigt, so daß man nur noch kurze Sätze ohne Atemnot sprechen kann. Die Herzfrequenz liegt bei etwa 180 Schlägen pro Minute abzüglich Lebensalter. Die Fahrgeschwindigkeit im Breitensport bis etwa 30 km pro Stunde, im Leistungssport um 35 bis 38 km pro Stunde. Übersetzung ca. 42/16 bis 53/17.

Subjektives Gefühl
Gefühl des intensiven Trainings, spürbar beschleunigte Atmung, aber nicht unangenehm. Erhöhte Konzentration, Gesichtsfeld etwas eingeengt. Landschaft wird aber noch wahrgenommen. Die Möglichkeit der Unterhaltung wird reduziert.

Streckenlänge
Breitensport ca. 20 bis 30 km, Leistungssport ca. 40 bis 60 bis 120 km oder mehr.

Merke

Spätestens hier – oder eher noch nach Stufe II – endet der Breiten- oder Gesundheitssport. Die folgenden höheren Intensitätsbereiche sollten dem Leistungs- und Hochleistungssport vorbehalten bleiben!

Intensitätsbereich IV

Trainingsziel
Schulung der Willens- und Tempohärte. Tempo etwa Wettkampfgeschwindigkeit. Energiestoffwechsel noch aerob, vorwiegend Kohlenhydratstoffwechsel mit Verbrauch des Muskelglykogens. Milchsäurewerte im Bereich der aeroben-anaeroben Schwelle. Training der Kraftausdauer.

Intensität
Etwa 80 bis 90% der maximalen Sauerstoffaufnahmefähigkeit. Im guten Trainingszustand kann diese Intensität im Wettkampf über längere Zeiten gehalten werden. Die Atmung ist deutlich beschleunigt. Nur noch einzelne Worte möglich. Die Herzfrequenz liegt bei ca. 190 Schlägen pro Minute abzüglich Lebensalter. Relativ hohe Gänge mit hoher Tretgeschwindigkeit (zum Beispiel 53/16; 90 bis 100 Umdrehungen pro Minute).

Subjektives Gefühl
Kurzatmigkeit und beginnende Milchsäurebildung vermitteln das Gefühl stärkerer Belastung. Das Gesichtsfeld engt sich weiter ein, beschränkt sich auf Beobachtung des Straßenverlaufes und der Landschaft am Rand der

Straße. Unterhaltung kaum noch möglich. Erhöhte Willenskraft und Konzentration notwendig.

Streckenlänge
Im Breitensport höchstens als Intervalltraining für Kurzzeitintervalle für 1 bis 2 Minuten. Im Leistungssport Tempo für Langzeitintervalle, zum Beispiel bei Führungsarbeit in der Gruppe, bei Alleinfahrt ca. 10 Minuten oder mehr.

Intensitätsbereich V
Trainingsziel
Intervalltraining im Bereich der Mittelzeitausdauer, Gewöhnung an die Wettkampfgeschwindigkeit. Anaerobes Training im unteren Bereich mit Anstieg der Milchsäurewerte im Blut. Schulung der Willensstoßkraft (zum Beispiel für Ausreißversuche). Hohe Gänge (zum Beispiel 53/15) bei trotzdem hoher Tretfrequenz (90 bis 100 Umdrehungen pro Minute). Intensives Training der Kraftausdauer.

Intensität
Etwa 90 bis 100% der maximalen Sauerstoffaufnahmefähigkeit oder leicht darüber. Atmung stark beschleunigt. Sprechen nur noch in Wortfetzen mit Pausen. Herzfrequenz etwa 200 Schläge pro Minute abzüglich Lebensalter. Fahrgeschwindigkeit liegt etwas über Wettkampfgeschwindigkeit.

Subjektives Gefühl
Unlustgefühle wegen der Milchsäurewerte. Stark eingeengtes Gesichts-

und Gedankenfeld. Man nimmt bewußt nur noch Straßenrand und Straßenverlauf wahr. Stark erhöhte Willenskraft und gesteigerte Konzentration.

Streckenlänge
Bei Führungsarbeit 1 bis 2 Minuten. Beim Intervalltraining (Mittelzeitausdauer) 2 bis 10 Minuten. Für Breitensport Belastung zu hoch!

Intensitätsbereich VI
Trainingsziel
Schulung der Willensstoßkraft, der Sprinteigenschaften, der Schnelligkeit und der Kraftausdauer. Energiestoffwechsel rein anaerob. Höhe der Milchsäurewerte je nach Belastungsdauer.

Intensität
Ca. 100 bis 120% der maximalen Sauerstoffaufnahmefähigkeit, überwiegend mit Sauerstoffschuld. Atmung im Grenzbereich. Sprechen nicht mehr möglich. Herzfrequenz ca. 210 Schläge pro Minute abzüglich Lebensalter. Fahrgeschwindigkeit deutlich über Wettkampfgeschwindigkeit. Hohe Gänge, hohe Tretgeschwindigkeit.

Streckenlänge
Bei Führungsarbeit in der Gruppe (zum Beispiel 100-km-Mannschaftsfahren) ca. 20 bis 30 Sekunden (dabei entsteht noch relativ wenig Milchsäure, da Energiegewinnung anaerob vorwiegend mit energiereichen Phosphaten!). Bei Intervalltraining

(Kurzzeitausdauer) 45 Sekunden bis 2 Minuten, dabei deutlicher Anstieg der Milchsäurewerte.

Diese Stufe ist also je nach Zeitdauer geeignet, den anaeroben Stoffwechsel mit unterschiedlichen Schwerpunkten zu trainieren: Belastungsdauer 20 bis 30 Sekunden mit Training der anaerob-laktaziden Energiegewinnung durch energiereiche Phosphate. Belastungsdauer 45 Sekunden bis 2 Minuten: Training der anaerob-laktaziden Energiegewinnung mit hohen Milchsäurewerten und Schulung der Acidosetoleranz (=Ertragen hoher Milchsäurewerte im Blut).

Merke

Zu häufiges Training im Bereich der Intensitätsstufen V und VI lassen die Leistungsentwicklung auf einem mittleren Niveau stagnieren oder zurückgehen! Eine Steigerung der aeroben Leistungsfähigkeit ist erst dann wieder möglich, wenn die Trainingsbelastungen auf die Intensitätsbereiche II und III zurückgenommen werden!

Mit Anstieg der Milchsäurewerte nimmt auch die Streßbelastung des Organismus zu. Die Streßhormone (Noradrenalin und Adrenalin) steigen in den Intensitätsbereichen IV bis VI parallel zu den Milchsäurewerten an! Mit den Streßhormonen steigt auch der Blutdruck. Das allein sind Gründe genug, um im Breiten- und Gesundheitssport diese Intensitätsbereiche zu meiden. Für den Leistungs- und Hochleistungssport sind sie aber notwendig.

Im allgemeinen gilt der Grundsatz: Je kürzer die Trainingsstrecke ist, desto intensiver kann sie gefahren werden, und umgekehrt – je länger die Trainingsstrecke ist, desto extensiver (geringer) sollte die Intensität (Geschwindigkeit) sein. Die Summe der Trainingsbelastung sollte immer zu leichter bis mittlerer Ermüdung führen – nicht aber zur Erschöpfung.

Ausdauer-Trainingsmethoden

Durch das Ausdauertraining soll mit verschiedenen Methoden sowohl die Grundlagenausdauer wie auch die wettkampfspezifische Ausdauer optimal entwickelt werden. Zur wettkampfspezifischen Ausdauer gehört auch das Training der Kraftausdauer und der Schnelligkeit. Eine hohe Grundlagenausdauer ist die Basis für alle Trainingsformen. Daher muß der größte Teil der Trainingsarbeit der Entwicklung dieser Form der Ausdauer mit Entfaltung einer möglichst großen Sauerstoffaufnahmefähigkeit (aerobe Kapazität) und einer optimalen Entwicklung des Fettstoffwechsels gewidmet sein.

Dauerleistungsmethode

Gerade durch neuere Untersuchungen hat sich die Überlegenheit kontinuierlicher Belastungen im geringen bis mittleren Intensitätsbereich erneut bestätigt. Sie schult die Grundlagenausdauer, den Bewegungsablauf, die psychische Gewöhnung an eine in gleichmäßigem Tempo zurückgelegte längere Strecke und bedeutet ein ge-

Ausdauer-Trainingsmethoden

Trainingsmethoden	Trainingsinhalte	Intensitäts-bereiche
Dauerleistungs-methode	gleichmäßiges Tempo über lange Strecken	I–III
	leichter Tempowechsel oder Fahrtspiel je nach Gelände	II–III
Intervallmethode	Langzeitintervalle (über 10 Minuten)	IV
	Mittelzeitintervalle (2 bis 10 Minuten)	V
	Kurzzeitintervalle (45 Sekunden bis 2 Minuten)	VI
Wiederholungs-methode	Tempofahrten mit Wettkampf-geschwindigkeit oder schneller	VI
Wettkampfmethode	Wettkämpfe	IV–V

zieltes Stoffwechseltraining insbesondere für den Fettstoffwechsel und die Sauerstoffaufnahme. Die Belastungsdauer soll nicht kürzer als 30 Minuten sein, besser aber bei 1 bis 2 Stunden liegen. Gute Radsportler trainieren mit der Dauerleistungsmethode mehrere Stunden. Dabei werden kleine bis mittlere Übersetzungen mit hoher Tretgeschwindigkeit gefahren. Bei bergigem Gelände ist auch ein leichter Tempowechsel angezeigt oder wechselnde Belastungen im Sinne des sog. Fahrtspieles in den Intensitätsbereichen II bis III. Auch zur aktiven Erholung (Regeneration) ist die Dauermethode bestens geeignet. Sie ist die Haupttrainingsmethode für den Gesundheits- und Breitensport sowie auch für den Leistungs- und Hochleistungssport in der Vorbereitungsperiode.

Intervallmethode

Intervalltraining ist charakterisiert durch einen rhythmischen Wechsel zwischen großer und geringer Beanspruchung, wobei die Pausen zwischen zwei Belastungen nicht zur vollen Erholung ausreichen. Die erneute Belastung trifft also stets auf einen von der vorangegangenen Belastung noch nicht voll erholten Organismus. Die Pulsfrequenz sinkt in den Belastungspausen meist nicht unter 130 Schläge pro Minute. Dann erfolgt be-

103

reits die erneute Intervallbelastung. Bei Kurzzeitintervallen dauert die Belastung etwa 45 Sekunden bis 2 Minuten, bei Mittelzeitintervallen etwa 2 bis 10 Minuten, bei Langzeitintervallen über 10 Minuten. Je kürzer die Belastungsdauer – desto größer die Belastungsintensität. Durch die Langzeitintervallmethode kann man die wettkampfspezifische Ausdauer steigern, durch die Kurzzeitintervallmethode vor allem die Schnelligkeitsdauer. Die verschiedenen Intervallmethoden führen auch zu einer schnelleren Herzvergrößerung, da in den Pausen eine vermehrte Füllung des Herzens erfolgt, die einen Dehnungsreiz für das Herz darstellt. Intervalltraining erfordert eine verlängerte Regenerationszeit, meist über 72 Stunden. Daher sollte Intervalltraining nicht öfter als zweimal in der Woche und auch nur in der Wettkampfperiode durchgeführt werden. Gut trainierte Radsportler setzen das Intervalltraining auch ein, um nach kurzen Trainingspausen schnell wieder in Form zu kommen.

Wiederholungsmethode

Mit einer Geschwindigkeit, die in der Nähe der Wettkampfgeschwindigkeit oder darüber liegt, werden mittlere und kurze Strecken mit festgelegten Pausen von mehreren Minuten gefahren. Dabei sollen die Pausen so lang sein, daß man sich vollkommen erholt. Übersetzung und Tretfrequenz entsprechen den Verhältnissen im Wettkampf. Mit dieser Trainingsmethode kann man vor allem Schnellig-

keit, Kraftausdauer und Schnelligkeitsausdauer schulen. Intensität im obersten Bereich (VI).

Wettkampfmethode

Durch Teilnahme an Wettkämpfen wird der letzte Trainingsschliff erreicht. Man muß erst einige Aufbauwettkämpfe absolvieren, um auf den Leistungshöhepunkt zuzusteuern. Die Analyse der Wettkampfergebnisse zeigt Leistungsschwächen und gibt Hinweise für das zukünftige Training.

Trainingseinheit: Aufbau und Planung

Die kleinste Planungseinheit innerhalb des Trainingsprozesses ist die einzelne Trainingseinheit. Die Summe der einzelnen Trainingseinheiten bestimmt die Qualität des gesamten Trainings. Bewußtheit erhöht den Trainingseffekt. Daher sollte man niemals gedankenlos trainieren, sondern sich vor jeder Trainingseinheit der Aufgabe bewußt sein, die es zu lösen gilt. Jede Trainingseinheit sollte aus drei Teilen bestehen: Vorbereitung, Hauptteil und Ausklang.

Vorbereitung

Sie dient dazu, eine optimale geistige und körperliche Verfassung für die eigentliche Trainingsaufgabe herzustellen. Man fährt etwa 15 bis 30 Minuten locker mit kleinen Gängen im Intensitätsbereich I bis II. Dabei lockert man bewußt die Gelenke. Der Blutkreislauf kommt in Schwung, die kleinen Blutgefäße (Kapillaren) öffnen sich, die Durchblutung wird verbessert, die Körpertemperatur steigt etwas an. Die Elastizität der Muskeln wird erhöht. Der optimale Bewegungsablauf des Pedalierens spielt sich ein. Die Trainingsbereitschaft wird gefördert. Der Radsportler macht sich in dieser Phase bewußt, welches Ziel er im Hauptteil der Trainingseinheit verfolgt. Dadurch wird die Trainingsbereitschaft erhöht. Das verbessert den gesamten Trainingseffekt.

Hauptteil

Der Trainingsinhalt richtet sich nach dem Trainingsplan (siehe weiter unten). Neben den konditionellen Fähigkeiten sollen Technik und Taktik verbessert werden. Trainingsaufgaben, die geistige Frische und Konzentration erfordern (Schnelligkeit, Sprints, Intervalle u. a.) sollen in der ersten Hälfte des Hauptteiles der Trainingseinheit eingeplant werden. In der zweiten Hälfte werden die Ausdauerübungen abgeleistet. Die Lösung mehrerer Aufgaben innerhalb einer Trainingseinheit macht das Training interessanter, läßt Ermüdung später eintreten und ermöglicht so einen größeren Umfang der Gesamtbelastung. Jedoch sollte jede Trainingseinheit einen bestimmten Schwerpunkt haben. Er ergibt sich aus dem langfristigen Trainingsplan.

Ausklang

Auch dieser Teil ist wichtig, da jetzt bereits die Regeneration im Sinne einer aktiven Erholung beginnt. Die Muskeln werden wieder gelockert, die nervliche Belastung wird vermindert. Herz-Kreislauf-System und Stoffwechsel sollen sich wieder den Ruhebedingungen nähern. Überschüssige Milchsäure wird durch mittelgradige aktive Bewegung besser abgebaut als in vollständiger Ruhe. Man fährt mit kleinen bis mittleren Gängen in lockerem Tritt, kann sich aufrichten und freihändig fahrend tief atmen und die Muskulatur des Rückens lockern. Man freut sich, die Trainingsaufgabe gelöst zu haben und genießt das Fahren mit verminderter Geschwindigkeit.

Langfristige Leistungsentwicklung

Die Natur arbeitet langsam. Nur ein Trainingszustand, der nach dem Prinzip der Allmählichkeit systematisch und langfristig aufgebaut wurde, ist dauerhaft und stabil. Das Training soll regelmäßig, ganzjährig und mehrjährig sein. In der Entwicklung eines Radrennfahrers unterscheidet man folgende Perioden: Etappe der Vorbereitung (Alter 12 bis 15 Jahre), Etappe des Aufbaus (Alter 16 bis 18 Jahre), Etappe der Spezialisierung (ab 19 Jahre), Zone der ersten internationalen Erfolge (19 bis 21 Jahre), Zone der optimalen Leistung (22 bis 26 Jahre) und Stabilisierung der Höchstleistung (27 bis 30 Jahre). Es ist also ein Entwicklungsprozeß von 10 bis 12 Jahren einzuplanen. Wer in späteren Jahren mit dem Radsport beginnt, sollte die Geduld haben, seine Leistung konsequent in etwa 3 bis 5 Jahren aufzubauen. Zu große Ungeduld, die dazu verleitet, zu früh mit zu hoher Intensität zu trainieren, wirft einen in der Leistungsentwicklung zurück. Auch unregelmäßiges Training mit größeren Trainingspausen vermindert den Trainingszustand beträchtlich. Es muß dann immer wieder viel Zeit für die Wiederherstellung der verlorenen Anpassung aufgewendet werden. Da nur ein kontinuierliches ganzjähriges Training die Bestform aufbaut und erhält, muß man bei schlechter Witterung und im Winter zusätzliche Trainingsmittel einsetzen (siehe S. 107).

Trainingsplan

Nur der Mittelmäßige kann ständig in Hochform sein! Wer mehr will, muß planmäßig auf den Höhepunkt seiner sportlichen Form hinarbeiten, denn der Trainingsprozeß verläuft in folgenden Phasen:
- Phase der Aneignung der sportlichen Leistungsfähigkeit
- Phase der relativen Stabilisierung (Festigung)
- Phase des zeitweiligen Verlustes der sportlichen Form

Deswegen sollte man nicht gleichförmig immer mit der gleichen Trainingsbelastung trainieren, sondern die Trainingsbelastungen wechseln. Dazu soll unter anderem dieses Buch helfen. Um eine sinnvolle Anpassung zu erreichen, unterscheidet man große, mittlere und kleine Zyklen.
Man unterscheidet:
- Makrozyklen: Halbjahres- oder Jahreszyklen, auch Mehrjahreszyklen
- Mesozyklen: Zyklen von 3 bis 6 Wochen (Etappen)
- Mikrozyklen: Zyklen von etwa einer Woche oder weniger

Einteilung eines Radsport-Trainingsjahres

Nov.	Dez.	Jan.	Feb.	März.	Apr.	Mai	Juni	Juli	Aug.	Sept.	Okt.
einführender Mesozyklus	Grundlagen-Mesozyklus 1	Grundlagen-Mesozyklus 2		Vorwettkampf-Mesozyklus		Wettkampf-Mesozyklus 1	Wettkampf-Mesozyklus 2	wiederherstellend-vorbereitender Mesozyklus		Wettkampf-Mesozyklus 3	Wiederherstellungs-Mesozyklus
Vorbereitungsperiode						Wettkampfperiode					Übergangsper.

Ein Makrozyklus (Periodenzyklus) umfaßt meist die Trainingsplanung eines Jahres. Er ist gekennzeichnet durch eine periodische Veränderung der Trainingsaufgaben, des Belastungsumfanges und der Belastungsintensität. Je nachdem, ob der Trainingsplan auf einen oder mehrere Leistungshöhepunkte ausgerichtet ist, spricht man von einer einfachen oder mehrfachen Periodisierung. Ein solcher Periodenzyklus über ein Jahr wird eingeteilt in:

- Vorbereitungsperiode
- Wettkampfperiode
- Übergangsperiode

Innerhalb dieser Perioden unterscheidet man verschiedene Etappen mit anschließender Festigung der Leistungsfähigkeit.

Vorbereitungsperiode

Die konditionelle Grundlage für die Wettkampfperiode wird geschaffen. Trainingsziele und Trainingsmittel werden durch die Witterungsverhältnisse vorgegeben. Man unterteilt diese Periode in zwei Etappen.

1. Etappe (November, Dezember)

Sie umfaßt das Wintertraining. Trainingsziel ist die Verbesserung der allgemeinen Kondition, der Grundlagenausdauer und der Technik des Pedalierens. Das Training ist gekennzeichnet durch eine geringe Intensität. Man fährt mit kleinen Gängen oder Starrlaufnabe (Übersetzung 64 bis 68 Zoll, z. B. 42/18 oder

42/17) etwa 1 bis 2 Stunden. Dieses radsportspezifische Training führt man etwa ein- bis dreimal pro Woche durch. Mindestens genauso viele Trainingseinheiten sollte man dem allgemein-athletischen Training widmen, um die Kondition zu stärken: Waldlauf, Skilanglauf, Skigymnastik, Krafttraining, Circuittraining, Schwimmen, Sportspiele u. a. Falls die Witterungsverhältnisse ein Training mit dem Rennrad nicht zulassen, kann man diese Trainingseinheiten durch ein Training auf dem Hometrainer (Ergometer) ersetzen.

Ergometertraining

Das Trainingsergometer für den Radsportler soll stabil sein, ein großes Schwungrad besitzen und die gleiche Sitzposition wie auf dem Rennrad zulassen. Weiter wichtig ist ein Pedaltoureninstrument, das die Pedalumdrehungszahl pro Minute anzeigt. Zudem empfiehlt sich ein Pulsfrequenzmesser zur Festlegung der Trainingsintensität. Als weiteres Zubehör hat sich bewährt: ein Spiegel zur Beobachtung des Fahrstiles, ein Ventilator zur besseren Luftbewegung und eine Zeituhr, um einen exakten Trainingsplan einhalten zu können. Durch Variation der Tretgeschwindigkeit und des Tretwiderstandes (Watt-Belastung) kann man verschiedene Trainingsaufgaben erfüllen. Die Trainingszeit auf dem Ergometer soll etwa 30 bis 60 Minuten betragen. Musik aus einem Kassettenrekorder verbessert Stimmung und Trainingsbereitschaft.

Vorrichtungen zum »Hometraining« mit dem eigenen Rennrad. Auch hier können Widerstand und Tretfrequenz variiert werden.

Ergometer-Trainingspläne

Man kann sich verschiedene Aufgaben stellen. Am häufigsten jedoch sollte man Ausdauer und eine hohe Tretfrequenz trainieren. Wegen der Kürze der Zeit, die man auf dem Ergometer verbringt, kann die Trainingsintensität etwas höher liegen, etwa bis an die Grenze der aerob-anaeroben Schwelle, entsprechend der früher angegebenen Intensitätsbereiche III bis IV, d. h. 70 bis 80 % der maximalen Leistungsfähigkeit. Die Tretfrequenz sollte zwischen 100 und 120 Umdrehungen pro Minute liegen.

Folgender Grundtrainingsplan wäre zu empfehlen:

5 Minuten Warmfahren mit geringem Widerstand, Tretfrequenz ca. 110 Umdrehungen pro Minute. 6mal 5 Minuten-Serien:

1. Minute 100 Umdrehungen,
2. Minute 105 Umdrehungen,
3. Minute 110 Umdrehungen,
4. Minute 115 Umdrehungen,
5. Minute 120 Umdrehungen,

dann wieder von vorne. Widerstand so, daß die Pulsfrequenz etwa bei 180 bis 190 Schlägen pro Minute abzüglich Lebensalter liegt. 5 Minuten ausklingen lassen: geringer Widerstand, 110 Umdrehungen pro Minute. Trainingseinheit insgesamt: 40 Minuten.

Auf dem Ergometer kann man sehr gut die Pulsfrequenz zur Steuerung der Trainingsintensität heranziehen. Um die gleiche Pulsfrequenz immer zu erreichen, muß man mit zunehmendem Leistungsstand allmählich den Widerstand steigern. Durch regelmäßiges Training auf dem Ergometer im Bereich der angegebenen Intensität sind recht gute Leistungssteigerungen möglich. Zumindest ist Ergometertraining ein gutes radsportspezifisches Trainingsmittel für das Wintertraining.

Andere Trainingsgeräte

Außer dem angesprochenen Hometrainer (Ergometer) gibt es noch eine Anzahl anderer Trainingsgeräte, in die man das eigene Rennrad einspannen kann. Der Widerstand wird durch bestimmte Vorrichtungen geregelt. Auch diese Geräte erfüllen den gleichen Zweck.

Radsportspezifische Gymnastik (Gelenkigkeitstraining)

Die Zunahme der Durchschnittsgeschwindigkeiten im Straßenradsport sowie die hohe Trainingsintensität fordern für Gelenke, Muskeln, Bänder und Haltungsapparat Vorsorge und Nachbetreuung. Deswegen ist gerade für Radsportler eine regelmäßige Ausgleichsgymnastik, welche betont auf Gelenkigkeit ausgerichtet ist, notwendig. Alle Gelenke, von unten nach oben, müssen locker und geschmeidig gehalten werden. Ein besonderer Schwerpunkt ist auf die Wirbelsäulenbeweglichkeit zu legen. Das Gymnastikprogramm sollte man als Morgengymnastik in den Tagesablauf einbauen. Gelenkigkeit ist eine elementare Voraussetzung für technisch und konditionell gute Bewegungsausführungen.

Radsportspezifisches Krafttraining

Unter Aussparung der Beine, die sportartspezifisch auf dem Ergometer oder dem Rennrad trainiert werden, soll die übrige Muskulatur durch spezielle Kraftübungen gekräftigt werden. Insbesondere die Muskulatur des Oberkörpers, der Arme, der Brust, des Bauches sowie des oberen und unteren Rückgrates. Prinzipiell läuft auch das Krafttraining in verschiedenen Stufen ab: Zunächst kommt es zu einer besseren Nervenversorgung der Muskulatur. Allein dadurch steigt die Muskelkraft, weil gleichzeitig mehr Muskelfasern mit Nervenreizen versorgt werden. Dazu dient vor allem das Krafttraining mit geringen Gewichten und häufigeren Wiederholungen (10 bis 20 Wiederholungen). Zur Muskelverdickung (Hypertrophie) kommt es erst bei Fortsetzung des Trainings mit größeren Gewichten und geringeren Wiederholungen (6 bis 8 Wiederholungen). Eine Muskelhypertrophie ist jedoch für den Radsportler nicht notwendig. Es genügt, den Zustand der Muskulatur zu verbessern, den allgemeinen Tonus zu erhöhen. Krafttraining soll nur ein Ausgleichstraining sein, kein eigenes Training für sich. Ein bis zwei Krafttrainingseinheiten pro Woche im Winter genügen, um einen Effekt auch bis in die Wettkampfphase hinein zu reichen.

2. Etappe (Januar, Februar, März)

Trainingsziel ist es, die Leistungsfähigkeit langsam wettkampfspezifisch zu verbessern. Neben der Grundlagenausdauer wird in einigen Trainingseinheiten die wettkampfspezifische Ausdauer mit zeitweilig höherer Intensität trainiert. Trainingseinheiten mit hohem Umfang und geringer Intensität wechseln mit solchen, die bei geringerem Umfang eine größere Intensität aufweisen. Durch lange Trainingsfahrten mit kleinen Übersetzungen (42/18 bis 42/16) schult man den Fettstoffwechsel und zwar um so besser, je knapper man sich dabei ernährt. Insgesamt geht es darum, als gute Ausgangsbasis für das ganze Jahr in dieser Zeit möglichst viele Kilometer »zu machen«. Radsportler legen unter den genannten Bedingungen in dieser Zeit etwa 3000 bis 5000 km zurück, wobei gleichzeitig ständig der runde Tritt geschult wird. Es ist auch ein guter Gedanke, wegen der besseren Wetterbedingungen ein Trainingslager im Süden (Italien, Südfrankreich, Südspanien, Mallorca u. a.) zu veranstalten. Eine Dauer von ca. 2 Wochen genügt, um bei mildem Wetter noch eine ganze Anzahl Kilometer zu sammeln – ein aktiver Urlaub von hohem gesundheitlichem Wert. Nicht zu unterschätzen ist auch die psychische Wirkung der freundlichen Umgebung: Die fremdartige Landschaft mit ihrem würzigen Frühlingsduft sowie die Nähe des Meeres verhindern, daß das Training monoton wird. Gegen Ende der Vorbereitungsperiode nimmt die Trainingsintensität zu, der Trainingsumfang ab (Wettkampf-Mesozyklus).

Wettkampfperiode
(April bis September)

Der Breiten- und Gesundheitssportler wird ab und zu an Volksradfahrten teilnehmen oder mit Freunden längere Strecken zurücklegen wollen. Der leistungsbetonte Freizeitsportler möchte vielleicht an verschiedenen Tourenfahrten teilnehmen. Der ausgesprochene Radsportler wird sich verschiedene Wettkämpfe vornehmen. Der Hochleistungssportler wird Wettkämpfe benutzen, um seine Form bis zum Wettkampfhöhepunkt des Jahres weiter aufzubauen.

Der Gesundheits- und Breitensportler hat durch das Vorbereitungstraining bereits eine gute Grundlage, von der er die ganze Sommersaison zehren kann. Er kann das Training in dieser Form beibehalten, wobei er sich in den Intensitätsbereichen I bis III bewegt (siehe S. 97 ff.).

Der Leistungssportler wird mit Wettkämpfen sowie mit regenerativen und intensiven Trainingseinheiten im Wechsel darauf hinarbeiten, seine aerobe Ausdauerleistungsfähigkeit weiter zu steigern. Außerdem gelingt es ihm, die erreichte maximale Sauerstoffaufnahme zu einem größeren Prozentsatz (80 bis 90 %) über längere Zeit ausnutzen zu können. Auf diese Weise kann er ein noch höheres Tempo im aeroben Bereich durchhalten. Im Vergleich dazu kann ein Breiten- und Gesundheitssportler vielleicht nur 60 bis 70 % seiner maximalen Sauerstoffaufnahmefähigkeit über längere Zeit nutzen. Das bedeutet, er kann über längere Zeit nur eine ge-

Aufbau der Wettkampfperiode in Zyklen

Zyklus	Gestaltung	Hauptziele
1. Zyklus (etwa 4 bis 8 Wochen)	allmählicher Übergang zu optimaler Wettkampfhäufigkeit; Aufbauwettkämpfe mit ansteigendem Schwierigkeitsgrad; ein bis zwei Hauptwettkämpfe am Ende des Zyklus; Belastungsumfang im Training je nach Wettkampfhäufigkeit und Belastungsverträglichkeit etwas reduziert	schnelles Steigern der Wettkampfleistung; Erziehung zur Wettkampfhärte; Erkennen von Schwächen und Reserven; Sammeln von Wettkampferfahrungen und Überprüfen taktischer Grundeinstellungen; Festigung der Technik unter Wettkampfbedingungen
1. Phase der Stabilisierung (1 bis 2 Wochen)	regeneratives Training	Festigung des Trainingszustandes
2. Zyklus (etwa 4 Wochen)	Schwerpunkt liegt im Training; Erhöhen des Belastungsumfanges und der Trainingshäufigkeit; nur einzelne Wettkämpfe, keine Einschränkung des Trainings	Beseitigung der in den Wettkämpfen erkannten Schwächen
2. Phase der Stabilisierung (1 bis 2 Wochen)	regeneratives Training	Festigung des Trainingszustandes
3. Zyklus (etwa 4 Wochen)	Wettkämpfe mit höherem Schwierigkeitsgrad als im ersten Zyklus über Aufbauwettkämpfe zu Qualifikationsbzw. Ausscheidungswettkämpfen; allmähliche Reduzierung des Belastungsumfanges im Training	Stabilisierung des Wettkampfzustandes; Vorbereitung auf Qualifikations- oder Ausscheidungswettkämpfe; Bewährung unter besonders schwierigen Wettkampfbedingungen

ringere Geschwindigkeit durchhalten, als er kurzfristig zu leisten fähig ist. Für den Leistungssportler kann man die Wettkampfperiode in drei Etappen unterteilen, die etwa 4 bis 6 (bis 8) Wochen dauern. Die Trainingsziele sind in der Tabelle zu erkennen. An die einzelnen Etappen schließen

Grundlagen-
ausdauer-
training im
Trainingslager

sich etwa 2 Wochen der Stabilisierung oder Festigung des erreichten
Trainingseffektes an. In dieser Zeit
fährt man im Intensitätsbereich I (regeneratives Training) locker mit kleinen Gängen, um sich vollständig zu
regenerieren und auf die nächste
Etappe vorzubereiten.
Durch die Teilnahme an Wettkämpfen (Radrennen) wird die Wett-
kampfleistung entwickelt und stabili-
siert. Wenn man an Wettkämpfen
teilnimmt, kann das Wochentraining
von geringerer Intensität als sonst
sein. Prinzipiell kann ein Radsportler
um so häufiger an Wettkämpfen teilnehmen, je höher sein Trainingsalter
ist. Wer bereits 10 Jahre lang regelmäßig trainiert, hat eine ausreichen-
de Leistungshärte, um jede Woche einen intensiven Wettkampf zu verkraf-
ten. Nachwuchsradsportler müssen
mit ihren Kräften jedoch noch sparsam umgehen. Man kann davon aus-
gehen, daß der Radsportler etwa 6
bis 10 Wochen nach Beginn der

Wettkampfperiode in die Nähe seiner Bestleistung kommt. Niemals sollte man vergessen, nach schweren
Radrennen regenerative Trainingseinheiten einzulegen, die der aktiven Erholung dienen, bis man sich körper-
lich und geistig vollkommen regene-
riert hat. Von Zeit zu Zeit, ca. einmal
pro Woche, sollte man auch einen
ganzen Ruhetag einlegen (siehe S.
117 f.). Bereits in der Trainingsplanung sollte festgelegt werden, wie-
viele Wettkämpfe man braucht, um
seine Höchstleistung zu erreichen und
zu stabilisieren. Gleichzeitig ist die
Zeit festzulegen, die zwischen den
Wettkämpfen zur Regeneration
benötigt wird.

Übergangsperiode
(Oktober)

Diese Phase des Überganges zwischen Wettkampfperiode und Wie-
deraufnahme eines gezielten Vorbe-
reitungstrainings soll ausschließlich

Wochentrainingsplan für Radrennfahrer (z. B. im Trainingslager)

Montag:	Vormittags: lockeres Ausdauertraining (kleine Gänge) Nachmittags: 2–3 Std. Regenerationstraining
Dienstag:	Vormittags: anaerobes Training (Stehvermögen), $1\frac{1}{2}$–2 Std. Nachmittags: lockeres Ausdauertraining 2–3 Std. (aerob)
Mittwoch:	Langes Dauertraining (180–220 km) aerob mit Rennverpflegung
Donnerstag:	Intensives Dauertraining mit Rhythmuswechsel (aerob-anaerobe Schwelle)
Freitag:	Vormittags: lockeres Regenerationstraining 2 Std. Nachmittags: lockeres Dauertraining 2–3 Std. (kleine Gänge)
Samstag:	Lockeres Spazierenfahren 1–2 Std. Rennvorbereitung, Materialüberprüfung
Sonntag:	Aufbaurennen oder langes Dauertraining (180–220 km)

Wochentrainingsplan für einen engagierten Freizeitsportler oder mittleren Leistungssportler (z. B. im Trainingslager)

Montag:	Regeneratives Training (aktive Erholung): mittlerer Umfang, geringe Intensität; dabei Technik-Schulung
Dienstag:	Intensives Dauertraining mit Langzeitintervallen; trainiert werden Grundlagenausdauer, Schnelligkeit- und Kraftausdauer
Mittwoch:	Training der Grundlagenausdauer: hoher Trainingsumfang, geringe Trainingsintensität; dabei gleichzeitig Schulung der Technik
Donnerstag:	Schnelligkeitsbetontes Ausdauertraining: hoher Trainingsumfang, hohe Trainingsintensität; mittlere Gänge mit hoher Tretgeschwindigkeit (evtl. Langzeit- u. Mittelzeitintervalle eingestreut)
Freitag:	Regeneratives Training: Trainingsumfang hoch, Trainingsintensität niedrig; Schulung der Technik
Samstag:	Schulung von Grundlagen- und Kraftausdauer: mittlerer Trainingsumfang, hohe Trainingsintensität, ab und zu große Gänge
Sonntag:	Intensives Dauertraining: hoher Trainingsumfang, hohe Trainingsintensität

Jahrestrainingsplan z. B. für Fahrer der Amateur- und Seniorenklasse I
(nach K.Link) TE = Trainingseinheit

Monat	Radtraining						Konditions-training		
	TE pro Woche	TE pro Monat	Dauer je TE (Std.)	Dauer Gesamt (Std.)	km je TE	km je Monat	TE pro Woche	TE pro Monat	Dauer je TE (Std.)
Nov.	1–2	4– 8	2	8–16	60	240– 480	2–3	8–12	1.30
Dez.	2–3	8–12	1.30	12–18	40	320– 480	2–3	8–12	2
Jan.	2–4	8–16	1.30	12–24	40	320– 640	3–4	12–16	1.30
Feb.	3–6	12–24	2.30	30–60	60	720–1440	2–3	8–12	1.30
März	4–7	16–28	2.30	40–70	75	1200–2100	1–2	4– 8	1.30
April	4–6	16–24	2.30	40–60	75	1200–1800			
Mai	4–6	16–24	3	48–72	75	1200–1800			
Juni	5–8	20–32	2	40–64	60	1200–1920			
Juli	5–8	20–32	2	40–64	60	1200–1920			
Aug.	4–6	16–24	3	48–72	80	1200–1920			
Sept.	4–6	16–24	2	32–48	60	960–1440			
Okt.	1–3	4–12	2	8–24	50	200– 600	1–2	4–8	1

der aktiven Erholung dienen. Wer des Rennrades überdrüssig ist, sollte es ruhig einmal in der Ecke stehenlassen und andere Ausgleichssportarten, die ihm besonders Freude machen, spielerisch betreiben. Wer Lust dazu hat, kann bereits mit lockeren Waldläufen beginnen. Das Ziel der Übergangsperiode besteht in einer vollständigen Regeneration aller Kräfte des Organismus. Man soll aber nicht plötzlich vollständig mit jedem Training aufhören, da es sonst zu Störungen kommen kann, die man als Entlastungssyndrom bezeichnet. Je älter der Athlet an Trainingsjahren ist, desto häufiger soll er radsportspezifisch trainieren – auch in der Übergangsphase, aber nach Lust und Laune, locker und langsam, nur zur Regeneration.

Verhütung von Verletzungen

Im Straßenradsport gibt es folgende Ursachen, die zu Verletzungen und Schäden führen können: Geschwindigkeit, Straßenbeschaffenheit und Streckenprofil, Wetterbedingungen, Materialmängel, Dichte des Fahrerfeldes und mangelhafter Trainingszustand. Besonders die ständige hohe Konzentration beim Hinterradfahren ist wichtig, um Stürze zu vermeiden. Dazu ist Beherrschung der Technik und ein guter Trainingszustand notwendig: denn wer an der Grenze seiner aeroben Leistungsfähigkeit fährt, läßt in seiner Reaktion nach. Am häufigsten sind Stürze mit flächenhaften Hautabschürfungen, die mit Straßenstaub verschmutzt sind. Daher sollte sich jeder Radsportler einer Tetanus-Impfung unterziehen. In der Häufigkeit folgen Schlüsselbeinbrüche und Gehirnerschütterungen. Wegen der Gefahr der Kopfverletzungen sind mindestens Sturzkappen, besser noch Helme zu tragen. Sportschäden der Wirbelsäule, besonders bei Jugendlichen, sollte durch eine allseitige athletische Ausbildung und Ausgleichsgymnastik vorgebeugt werden, um einseitige Fehlbelastungen durch den Radsport zu vermeiden. Zur Verhütung von Überlastungsschäden an den Kniegelenken sollte die Übersetzung für Jugendliche nicht zu hoch sein, damit maximale Krafteinsätze vermieden werden. Obwohl Berufsradrennfahrer in einer zehnjährigen Laufbahn etwa 300 000 Kilometer zurücklegen und dabei fast 50 Millionen (!) Pedalumdrehungen ausführen, kommt es nicht zu Gelenkschäden (Arthrosen) – ein Beweis für die gelenkschonende Fortbewegung im Radsport!

Bedeutung der Regeneration

Jede körperliche Belastung verändert das innere Gleichgewicht des Organismus. Diese Störung wird als Ermüdung empfunden und geht mit Leistungsminderung und Funktionseinbuße einher. Man unterscheidet zwischen geringer, optimaler und starker Ermüdung sowie einer Grenzbelastung mit extremer Ermüdung, die eine viel längere Regenerationszeit

benötigt als die anderen Formen der Ermüdung. Die Belastbarkeit des Organismus ist bei allgemeiner Überforderung (Beruf, Familie u. a.) und bei nicht abgeschlossener Regeneration herabgesetzt, so daß die gleiche Belastung einmal als mittlere und ein anderes Mal als zu starke Belastung empfunden werden kann. Zu häufige Grenzbelastungen und Störungen der Regeneration führen auf Dauer zu einem sog. Überforderungssyndrom (»Übertraining«), das mit einer Leistungsminderung einhergeht. Wenn

Radrennfahrer Gregor Braun vor und nach einem Radrennen

man sich das Gesicht eines Sportlers vor und nach einer schweren Belastung ansieht, wird man erkennen, daß eine völlige Wiederherstellung nicht nur von der Ernährung abhängt. Die biologische Grundlage eines jeden Trainingseffektes ist der sog. Zyklus der Überkompensation, d. h. der regelmäßige Wechsel zwischen Belastung, Ermüdung, Erholung und Überkompensation. Dabei wird nach Abschluß der Regeneration eine höhere Leistungsfähigkeit aufgebaut, als sie vor der Belastung bestand. Daher ist das Wort »Wiederherstellung« nicht ganz richtig, da der frühere Zustand nicht nur wiederhergestellt, sondern sogar übertroffen wird. Dieser Zustand der Überkompensation hält etwa 2 bis 3 Tage an. Aus diesen Zusammenhängen ergeben sich im wesentlichen drei Folgerungen:

● Das Training muß an Intensität und Umfang entsprechend der steigenden Leistungsfähigkeit zunehmen, damit auch der besser trainierte Organismus immer wieder aus seinem Gleichgewicht geworfen wird, so daß man subjektiv Ermüdung empfindet.

● Die Trainingsreize müssen häufig genug erfolgen, damit sie in die Phase der Überkompensation fallen. Nur so kommt der Organismus auf eine immer höhere Leistungsstufe.

● Trainingsreize, die vor abgeschlossener Erholung erfolgen, müssen regenerativen Charakter haben, um den noch in Gang befindlichen Regenerationsprozeß im Sinne einer aktiven Erholung zu unterstützen.

Mit zunehmendem Trainingszustand und häufigeren Trainingsreizen bestimmt nicht die Belastung selbst, sondern die Geschwindigkeit der Regeneration den möglichen weiteren Leistungszuwachs. Daher ist es von großer Bedeutung, alle Methoden der Regeneration zu kennen und anzuwenden, wenn auf Dauer das Training optimale Wirkungen im Organismus auslösen soll. Dazu muß man aber wissen, daß es in der Regeneration eine schnelle und eine langsame Phase gibt.

Schnelle Regeneration

Sie läuft in den ersten 4 bis 6 Stunden nach der Belastung ab. Die Säuerung des Organismus wird beseitigt, die erhöhte Körpertemperatur wird normalisiert. Der Mineralstoff- und Flüssigkeitshaushalt wird wieder ins Lot gebracht. Der größte Teil der Glykogenspeicher wird wieder aufgefüllt. Das verbrauchte Muskelfasereiweiß wird teilweise wieder aufgebaut.

Zyklus der Überkompensation: die Erholung (Regeneration) als limitierender Faktor

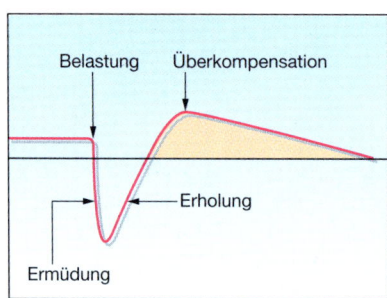

Belastung Überkompensation

Erholung

Ermüdung

Aktive und passive Methoden der Regeneration

Trainingsaufbau	Ernährung	Physikalische Maßnahmen	Entspannung
Ausdauer	Kohlenhydrate	Massagen	Schlaf
Kraft	Eiweiß	Bäder	Autogenes Trai-
Schnelligkeit	Fett	Sauna	ning, Yoga,
Koordination	Vitamine	Klima(wechsel)	Milieuwechsel
(Technik)	Mineralstoffe und	Höhe	Sportfreundliche
Flexibilität	Spurenelemente	UV-Licht	Umgebung
(Gelenkigkeit)	Flüssigkeit		(Familie, Beruf)
			Sportgerechte
			Lebensweise

Langsame Regeneration

In den folgenden Stunden und weiteren 2 bis 3 Tagen werden die Glykogenspeicher vollständig aufgefüllt. Es beginnt die langsame Eiweißregeneration der stoffwechselaktiven Zellorganellen (Mitochondrien), die über 7 Tage zur vollständigen Regeneration benötigen. Das vegetative Nervensystem, besonders das von Jugendlichen, braucht nach intensiven Belastungen meist mehr als 3 bis 4 Tage zur vollständigen Regeneration.

- Im Stadium der schnellen Regeneration (0 bis 4 Stunden) Einsatz aller Maßnahmen zur aktiven Erholung. Zusätzlich Flüssigkeit, Mineralstoffe (besonders Kalium und Magnesium) und kohlenhydratreiche Ernährung.
- In der Phase der langsamen Regeneration (4 Stunden bis 4 Tage) weiter reichlich Kohlenhydrate sowie ein erhöhter Eiweißanteil in der Nahrung. Außerdem alle Methoden der Entspannung.

Trainingsaufbau und Regeneration müssen aufeinander abgestimmt sein. Der Radsportler sollte ein Gefühl für den Grad der Belastungen, der Ermüdung oder Erschöpfung bekommen, um dann ganz bewußt den Vorgang der Regeneration zu erleben. Nur so kann man erkennen, wann man sich wieder intensiv belasten kann. Je besser die Grundlagenausdauer trainiert ist, desto besser die Belastungsverträglichkeit – und um so schneller erholt man sich auch nach stärkeren Belastungen.

Das Phänomen des Ruhetages

Wenn mehrere zu starke Belastungen hintereinander auf einen nicht erholten Organismus treffen, sinkt die Leistung. Diesen Fehler machen oft Anfänger ohne den entsprechenden Trainingszustand – und erleiden dann immer wieder Leistungseinbrüche. Der Trainingsprozeß wird unregelmäßig und zur Plage. Nun gibt es

117

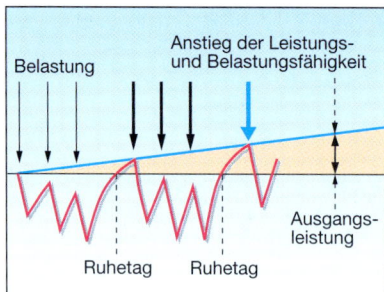

Sog. »Aufstockung der Ermüdung«: Durch drei aufeinanderfolgende intensive Belastungen wird die Ermüdung verstärkt. Der nachfolgende Ruhetag bringt die Regeneration bis zur Superkompensation – ein Trainingsmittel der Profis.

zwei Möglichkeiten: Entweder die Belastungsintensität insgesamt vermindern – oder nach zwei oder drei solcher Belastungen einen Ruhetag einschalten. Dieses »Trainingsmittel« setzen auch Berufsradrennfahrer von Zeit zu Zeit ein, allerdings um schnell in Form zu kommen. Ihr guter Trainingszustand erlaubt ihnen dieses Vorgehen: Sie setzen an mehreren Tagen hintereinander Grenzbelastungen mit stärkerer Ermüdung und provozieren so einen Leistungsabfall (sog. Aufstockung der Ermüdung). Wenn man dann einen Ruhetag einlegt, wird die Phase der Superkompensation erreicht. Ein sprunghafter Leistungszuwachs ist auf diese Weise manchmal möglich. Die Belastung gibt zwar den Anstoß – aufgebaut aber wird die Leistungsfähigkeit in der Ruhe.

So gesehen ist ein Ruhetag sowohl für den Breiten- und Gesundheitssportler wie auch für den Leistungs- und Hochleistungssportler manchmal recht nützlich, besonders wenn man sich »leer« fühlt und eine gewisse Trainingsunlust verspürt.

Bei Etappenrennen wie der »Tour de France« brauchen Radsportler eine besonders ausgeprägte Fähigkeit zur Regeneration.

Ernährung

Die Aufnahme von Nahrung dient dem Aufbau des Organismus und der Erhaltung seiner Körpersubstanz (Eiweiß), der Deckung des Energiebedarfes (Kohlenhydrate, Fette) und der Zufuhr von Stoffen, die zwar selbst keine Energie liefern, aber die Energiefreisetzung im Stoffwechsel steuern (Vitamine, Mineralstoffe, Spurenelemente, Flüssigkeit). Eine dem Bedarf angepaßte vollwertige Ernährung ist die Voraussetzung dafür, daß der Radsportler eine hohe Leistung erreichen und aufrechterhalten kann. Innerhalb der Regenerationsphase müssen dem Organismus alle Stoffe zugeführt werden, die er durch die vorausgehende körperliche Belastung verbraucht oder verloren hat. Da es in der Natur kein Nahrungsmittel gibt, das alle lebensnotwendigen Stoffe in der richtigen Zusammensetzung enthält, ist eine vielseitige Mischkost aus vollwertigen Nahrungsmitteln notwendig. Durch die industrielle Verarbeitung wird der Nährstoffgehalt oft so verändert, daß das richtige Verhältnis der Nährstoffe zueinander nicht mehr stimmt. So ist die moderne Zivilisationskost gekennzeichnet durch einen zu hohen Anteil von Nahrungsmitteln, die nur »leere« Kalorien liefern, ohne die zu ihrer Verarbeitung notwendigen Stoffe mitzubringen (zum Beispiel Zucker, stark ausgemahlene Mehle, Fett, Alkohol). Weitere Schwachpunkte sind: Mangel an ballaststoffreichen Nahrungsmitteln, Mangel an Vitaminen, Mineralstoffen und Spurenelementen sowie Mangel an »lebendiger« Nahrung. Der Radsportler, der seine Leistungsfähigkeit voll entfalten will, muß diese Schwachpunkte ausmerzen – zugunsten einer vollwertigen, bedarfsangepaßten Leistungskost. Vollwertig ist eine Ernährung, wenn alle fünf Ernährungsbilanzen ausgeglichen sind.

Gesunde Ernährung und gute Laune sind wichtige Voraussetzungen für die Regeneration.

Energiebilanz

Sowohl Über- wie Unterernährung mindern die Leistungsfähigkeit. Im Sport wird der Energiebedarf im wesentlichen durch Intensität und Dauer der Belastung bestimmt. Der maximal mögliche Energieverbrauch hängt nicht von der zugeführten Nahrungsmenge, sondern von der maximalen Sauerstoffaufnahmefähigkeit ab. Pro Liter Sauerstoff kann man aerob ca.

119

5 kcal (21 kJ) gewinnen. Daher kann der Energieverbrauch pro Stunde Leistung zwischen 500 kcal (2100 kJ) im Breiten- und Gesundheitssport bis 1500 kcal (6300 kJ) im Hochleistungssport schwanken. Das bedeutet etwa einen täglichen Energiebedarf von 2500 bis 3500 kcal (10 500 bis 14 700 kJ) im Breiten- und Gesundheitssport und über 5000 kcal (21 000 kJ) im Hochleistungssport. Die Energiebilanz ist ausgeglichen, wenn das Körpergewicht konstant bleibt. Das Wettkampfgewicht ist das Gewicht, mit dem man die besten Leistungen erreicht. Es kann aber meist nur über kurze Zeit gehalten werden.

Bilanz der Nährstoffe

Die Ernährung des Radsportlers soll fettarm, kohlenhydrat- und eiweißreich sein. Das optimale Nährstoffverhältnis des Radsportlers, ausgedrückt in Prozent der zugeführten Nahrungsenergie, wäre: Kohlenhydrate

Bestimmung der Rahmenhöhe nach der Körpergröße

Körpergröße (cm)	Rahmenhöhe (cm)
160–165	51–53
165–170	53–55
170–175	55–57
175–182	57–59
182–187	59–61
187–192	61–63
über 192	über 63

60 kcal %, Eiweiß 15 kcal %, Fett 25 kcal % – das tatsächliche Nährstoffverhältnis in der Zivilisationskost ist aber: Kohlenhydrate 35 kcal %, Eiweiß 12 kcal %, Fett 43 kcal % (!) und Alkohol 10 kcal % (!).

Kohlenhydrate

Kohlenhydrate sind die wichtigsten Energiespender für intensive Ausdauerleistungen und für den Aufbau des Muskelglykogens. Wegen des relativen Sauerstoffreichtums der Kohlenhydrate wird mit zunehmender Intensität der Belastung zunehmend Kohlenhydratenergie zur Energiegewinnung herangezogen und so das Muskelglykogen abgebaut. Kohlenhydrate sind außerdem wichtige Lieferanten von Vitaminen (B-Komplex), Mineralstoffen und Spurenelementen. Nur vollwertige, nicht industriell verarbeitete Nahrungsmittel garantieren die notwendige Nährstoffdichte dieser Begleitstoffe.

Vollwertige kohlenhydratreiche Nahrungsmittel:
Getreide und Getreideprodukte (Körner von Weizen, Hafer, Roggen, Buchweizen, Gerste, Hirse, Naturreis; Getreideflocken wie Haferflocken, Weizenflocken, Müsli; Vollkornbrot, Vollkornkekse z. B. Haferkekse, Vollkorn-Teigwaren; Weizenkeime), Kartoffeln, Hülsenfrüchte (Erbsen, Bohnen, Linsen), Bierhefe, Hefe, Hefeflocken, Obst und Obstsäfte.

Energieverbrauch (kcal) eines Radsportlers während einer Stunde Training

Kategorie	Max. Sauer-stoffaufnahme[1] (l/min)	Intensitätsstufen des Trainings			
		I	II	III	IV
Breiten- und Gesundheitssport	2–4	240–480	360– 720	420– 840	X[2]
Leistungssport	4–5	480–600	720– 900	840–1050	960–1200
Hochleistungs-sport	5–6	600–720	900–1080	1050–1260	1200–1440

[1]Geschätzte Durchschnittswerte

[2]Intensitätsstufe IV und mehr sind im Breiten- und Gesundheitssport nicht angebracht

Fette

Fette sollten weitgehend aus der Sporternährung eliminiert werden, da fettreiche Nahrung die Leistung mindert. Durch Training – nicht durch die Ernährung – muß der Fettstoffwechsel trainiert werden, d. h. der Organismus soll es lernen, von den Fettreserven zu zehren. In der Nahrung selbst soll man sichtbare und unsichtbare Fette möglichst gering halten.

Man sollte wenig, aber **hochwertiges Fett** verwenden: pflanzliche Öle (Distelöl, Leinöl, Sonnenblumenöl, Sojaöl, Maiskeimöl) und in geringerem Maß auch tierische Fette, besonders in Form von Fisch (v. a. Makrelen, Lachs und Hering).

Eiweiß

Das Eiweiß in der Nahrung soll biologisch hochwertig und gleichzeitig fettarm sein, damit prozentual genügend Platz für Kohlenhydrate bleibt. Der Radsportler braucht bei intensiven Belastungen etwa 1,5 bis 1,8 bis 2 g Eiweiß pro Kilogramm Körpergewicht, besonders bei intensiven Trainingsabschnitten.

Merke

Auch Nüsse und Samen sind eiweißreich, aber relativ fettreich, daher nicht mehr als 30 bis 50 g pro Tag.

Fettarme Eiweißspender:
Fettarme Milch und fettarme Milchprodukte (Magermilch, Joghurt, Käse, Quark, Hüttenkäse), mageres Fleisch (Kalb, Rind, Hase, Reh, anderes Wild, Geflügel), Fisch (Kabeljau, Flunder, Scholle, Seezunge, Forelle, Makrele und Seelachs), Hülsenfrüchte (Erbsen, Bohnen, Linsen, Sojabohnen), Bierhefe, Hefe, Hefeflocken.

Bilanz der Vitamine

Schwachpunkte in der Vitaminversorgung des Sportlers liegen bei den Vitaminen des B-Komplexes sowie bei Vitamin C und E.

> Nahrungsmittel mit einem hohen Gehalt an **Vitamin B1** sind zum Beispiel: Hefeflocken, Bierhefe, Weizenkeime, Haferflocken, Getreidekörner, Naturreis, Vollkornbrot, Herz, Leber, Eigelb u.a.
>
> Nahrungsmittel mit einem hohen Gehalt an **Vitamin C** sind zum Beispiel: Sanddornbeeren und -saft, schwarze Johannisbeeren, Kiwi, Zitrusfrüchte, Petersilie, Paprika, Meerrettich, Brokkoli, Grünkohl, Obst, Beeren, Salate, Gemüse – den höchsten Gehalt überhaupt aber haben Acerola-Kirschen und Hagebutten.
>
> Nahrungsmittel mit einem hohen Gehalt an **Vitamin E** sind zum Beispiel: Keimöle, Weizenkeime, Nüsse, Sojabohnen, Erbsen, Naturreis, Getreidekörner, Haferflocken u.a.

Bilanz der Mineralstoffe und Spurenelemente

Verluste im Schweiß bestimmen den Bedarf. Er steigt bei Sportlern auf das Zwei- bis Dreifache gegenüber dem Bedarf von nicht sporttreibenden Menschen. Dabei werden Kochsalzverluste durch die normale Zivilisationskost gedeckt, nicht aber die Verluste an Kalium, Magnesium und Eisen. Kalium wird mit dem Glykogen in die Muskulatur eingebaut und wird dazu zusätzlich benötigt.

> Nahrungsmittel mit einem hohen Gehalt an **Kalium** sind zum Beispiel: Fleischextrakt, Bierhefe, Trockenfrüchte (Aprikosen, Pfirsiche, Feigen), weiße Bohnen, Tomatenmark, Pistazien, Petersilie, Weizenkeime, Hülsenfrüchte, Kartoffeln, Bananen, Tomaten, Früchte, Obstsäfte, Fleisch u.a.
>
> Nahrungsmittel mit einem hohen Gehalt an **Magnesium** sind zum Beispiel: Kakaopulver, Erdnußbutter, Fleischextrakt, Bierhefe, Sojabohnen, Weizenkeime, Nüsse, Naturreis, Getreidekörner, Haferflocken, Hülsenfrüchte, grüne Salate, Seezunge, Makrele, Forelle, Rind- und Kalbfleisch u.a.
>
> Nahrungsmittel mit einem hohen Gehalt an **Eisen** sind zum Beispiel: Leber, Bierhefe, Kakaopulver, Hirse, Sojabohne, Weizenkeime, Petersilie, Pistazien, Sonnenblumenkerne, Hülsenfrüchte, Haferflocken, Aprikosen (getrocknet), Spinat, Nüsse, Fleisch

»Leere Kalorienträger« – falsche Nahrungsmittel für den Radsportler

Zucker, zuckerhaltige Speisen und Getränke
- Monosaccharide (Traubenzucker)
- Disaccharide (Rübenzucker, Rohrzucker)
- Süßwaren (Bonbons, Pralinen, Schokolade, Nougatcreme, Marmelade, Torte)
- Zuckerhaltige Getränke (Limonaden, Coca-Cola)

Produkte aus stark ausgemahlenen Mehlen (Weißmehlprodukte)
- Weißbrot, Brötchen, Toast, Kuchen, Kekse u. a.

Polierter Reis

Fett, stark fetthaltige und mit viel Fett zubereitete Speisen
- Panierte Speisen (Schnitzel u. a.)
- Rohrnudeln
- Pfannkuchen
- Wurst, fetter Schinken
- Eigelb (Fett, Cholesterin!) u. a.

Alkohol

Flüssigkeitsbilanz

Flüssigkeitsverluste treten immer zugleich mit Verlusten an Mineralstoffen und Spurenelementen auf – und in dieser Zusammensetzung muß man sie auch ersetzen, da es sonst zu Störungen kommt. Schon Flüssigkeitsverluste von 2 % des Körpergewichtes (zum Beispiel bei 70 kg 1,4 l) mindern die Ausdauerleistungsfähigkeit und von 4 % des Körpergewichts (bei 70 kg 2,8 l) die Kraftleistungsfähigkeit. Ersetzt man die Flüssigkeit mit mineralstofffreien Lösungen wie Limonaden, Coca-Cola, Tee und sog. Mineralwasser kommt es zu weiteren Störungen mit Müdigkeit und Muskelkrämpfen; denn mit der Flüssigkeit muß man zugleich auch die notwendigen Mineralstoffe zuführen, am besten in Form von Obst und Obstsäften oder von Trockenobst, das sehr mineralstoffreich ist (zum Beispiel Aprikosen, Feigen, Rosinen u. a.). Ein sehr gutes Getränk in dieser Hinsicht ist vor allem Apfelsaft mit Mineralwasser im Verhältnis 1:1 (»Apfelsaftschorle«) gemischt. Sehr gute Dienste leisten auch die von der Industrie entwickelten Mineralstoffgetränke.

Ernährungsphasen

In der Trainingsaufbauphase, Vorwettkampfphase, Wettkampfphase und Nachwettkampfphase müssen jeweils verschiedene Schwerpunkte in der vollwertigen Ernährung gesetzt werden, um die Ernährung an den tatsächlichen Bedarf anzupassen.

Trainingsaufbauphase

Im ersten Stadium eines Ausdauertrainings wird zuerst durch ein Training mit geringer bis mittlerer Intensität die Grundlagenausdauer und damit der

Fettstoffwechsel trainiert. Meistens geht es in dieser Zeit auch darum, Gewicht abzunehmen, um den Fettgewebsanteil des Körpers zu vermindern und die fettfreie, bewegungsaktive Körpermasse zu erhöhen. Dadurch verbessert sich die relative maximale Sauerstoffaufnahmefähigkeit pro Kilogramm Körpergewicht. Dazu muß man die Energiezufuhr herabsetzen, sich möglichst knapp ernähren, um den Körper zu zwingen, auf seine Fettreserven zurückzugreifen. Durch ein Training in der beschriebenen Art gibt man mehr Energie aus, als man mit der Nahrung aufnimmt. Außerdem aktiviert man durch das Training Enzyme, die den Fettabbau fördern. Vermeiden sollte man Süßigkeiten, Nahrungsmittel und Getränke mit hohem Zuckergehalt (Limonaden, Coca-Cola u. a.) sowie Alkohol.

Durch eine falsche Nahrungszusammensetzung mit einem zu großen Anteil an minderwertigen Nahrungsmitteln kann die durch das Training erstrebte Leistungssteigerung ausbleiben. Daher sollte man in der vollwertigen Basisernährung während des ganzen Trainingsjahres minderwertige Nahrungsmittel vermeiden und vollwertige Nahrungsmittel bevorzugen.

Das Gleichgewicht in der Nährstoffzufuhr wird durch ein Zuviel an Nahrungsmitteln mit überwiegend »leeren Kalorien« gestört. Daher sollte man sie weglassen (siehe Tabelle S. 123). Die richtigen Nahrungsmittel soll man besonders in folgenden Nahrungsmittelgruppen auswählen.

- Kohlenhydratreiche Nahrungsmittel, die vorwiegend aus Polysacchariden (Stärke) bestehen und gleichzeitig die zu ihrer Verarbeitung notwendigen Vitamine, Mineralstoffe und Spurenelemente enthalten.
- Eiweißreiche Nahrungsmittel, die reichlich biologisch hochwertiges Eiweiß liefern und gleichzeitig nur wenig Fett enthalten.
- Hochwertige Fette in möglichst geringer Menge, aber mit einem hohen Anteil an mehrfach ungesättigten Fettsäuren (pflanzliche Öle).
- Gemüse, Salate, Obst, Trockenobst und Obstsäfte als wichtige Lieferanten von Vitaminen, Mineralstoffen, Spurenelementen, Flüssigkeit und Ballaststoffen.

Einfache Ernährungsrichtlinien:
- Immer streng fettarm ernähren!
- Vor und nach hochintensiven Ausdauerbelastungen reichlich kohlenhydratreiche Nahrungsmittel zuführen (bis 60 % der zugeführten Energie)!
- In kraftbetonten Trainingsabschnitten den Eiweißanteil erhöhen (bis 20 % der zugeführten Nahrungsenergie)!
- Flüssigkeitsverluste immer mit Obstsäften (Apfelsaft u. a.), Obst und Flüssigkeit mit Trockenfrüchten kombiniert ersetzen!

Merke
Trockenfrüchte sollten immer ungeschwefelt sein, da Schwefeldioxyd Enzyme blockiert, das Vitamin B_1 zer-

stört – und bei empfindlichen Personen Kopfschmerzen auslösen kann.

Vorwettkampfphase

Die letzten 3 bis 4 Tage vor dem Wettkampf dienen der Anfüllung der Glykogenreserven. Dazu muß man sie durch ein entsprechend intensives und umfangreiches Training am vierten Tag vor dem Wettkampf zunächst einmal entleeren, damit sie dann im Zuge einer Superkompensation durch kohlenhydratreiche Nahrung stärker angefüllt werden.

Wettkampfphase

Verpflegung vor dem Wettkampf

Vor langen Rennen kann man 1½ bis 2 Stunden, vor kürzeren Rennen muß man 2 bis 3 Stunden vor dem Start essen. Da am Wettkampftag die Glykogenspeicher gefüllt sein sollten, kann die letzte Mahlzeit vor dem Start völlig normal sein, zum Beispiel 200 g Kalbssteak (gegrillt, wenig Fett), mit Kartoffeln oder Reis. Man sollte nur soviel essen, daß nocht etwas Hunger bestehen bleibt und nur Nahrungsmittel auswählen, die nicht lange im Magen verweilen. Manche Radsportler bevorzugen auch Tartar (etwa 150 g) oder ein Omelette.

Rennverpflegung

Grundsätzlich sollte jeder Straßenradrennfahrer durch systematisches Training daran gewöhnt werden, seinen Wettkampf mit möglichst geringer Verpflegung durchzustehen. Ein optimales Training des Fettstoffwechsels in der Trainingsphase und eine Auffüllung der Kohlenhydratvorräte in der Vorwettkampfphase ermöglichen eine lange Ausdauerleistung ohne

Anreichen der Verpflegungsbeutel während eines Radrennens

Nahrungsaufnahme. Bei Straßenrennen, die über 80 bis 100 km hinausgehen, ist jedoch eine Nahrungszufuhr erforderlich. Man sollte damit 1 bis 2 Stunden nach dem Start beginnen. Bewährt haben sich kohlenhydratreiche Nahrungsmittel wie Bananen, Fruchtschnitten, Trockenobst, Reiskuchen, Eierkuchen, Partybrötchen oder Energiebarren. Besonders wichtig ist die Nahrungszufuhr bei Kälte, bei Bergfahrten und bei den ersten langen Rennen der Saison. Es sollte nicht zuviel Nahrung auf einmal aufgenommen werden, da die gebeugte Haltung keinen großen Mageninhalt zuläßt. Als Getränk für die Trinkflasche haben sich Nährstoffkonzentrate aus Mineralstoffen und Kohlenhydraten bewährt. Aber auch Apfelsaft (evtl. mit Wasser 1:1 verdünnt) oder Tee (Mate-Tee, schwarzer Tee, grüner Tee oder Brennesseltee) mit Honig, Zitronensaft und Meersalz werden verwendet. Getränke sind besonders bei heißer Witterung wichtig; denn ein Rennfahrer kann dabei leicht 1,5 bis 2 l Schweiß pro Stunde verlieren. Flüssigkeitsmangel erhöht die Körpertemperatur, mindert die Leistung und fördert die Krampfbereitschaft der Muskulatur.

Nachwettkampfphase

Nach schweren Radrennen bleibt trotz Flüssigkeitszufuhr ein Flüssigkeitsdefizit von 3 bis 4 l, das im Gewichtsverlust erkennbar ist und sich im Durst äußert. Den Durst sollte man diszipliniert mit nicht zu kalten Getränken langsam löschen. Die erste Mahlzeit nach dem Wettkampf sollte 1½ bis 2 Stunden nach dem Zieleinlauf eingenommen werden. Sie soll sehr kohlenhydratreich sein. Der Flüssigkeitshaushalt soll erst später vollständig ausgeglichen werden.

Sportgerechte Lebensweise und Körperpflege

Die Trainingserfahrungen führender Straßenradrennfahrer zeigen, daß sie ihre guten Ergebnisse nicht nur durch regelmäßiges, zielstrebiges Training im Laufe des ganzen Jahres, sondern auch infolge strenger Einhaltung einer sportgerechten Lebensweise erreicht haben. Wer raucht, spät ins Bett geht und Alkohol trinkt, kann niemals große Erfolge erreichen. Zu einer sportgerechten Lebensweise gehören neben ausreichendem Nachtschlaf feste Lebensgewohnheiten mit regelmäßigem Tagesablauf, eine optimale Ernährung und das Ausschalten aller leistungsmindernden Faktoren. Stets sind alle Maßnahmen der Regeneration anzuwenden (siehe S. 115 ff.), damit der nächste Trainingsreiz auf optimale Voraussetzungen trifft.

Morgens sollte der Tag mit Lockerungsgymnastik und einfachen Yoga- und Atemübungen beginnen. Das fördert Gelenkigkeit, innere Sammlung und Konzentration. Der Radsportler sollte jede Gelegenheit nutzen, seinen Körper abzuhärten. Er muß unempfindlich werden gegen Wind und

Wetter, Kälte und Hitze. Dazu sollte er auch im Winter draußen trainieren und nicht nur auf dem Hometrainer. Der Abhärtung dient auch die Anwendung von kaltem Wasser, zum Beispiel als Morgendusche. Danach bürstet man mit einer Wurzelbürste den ganzen Körper, bis die Haut rot wird. So wird man abwehrstark gegen Infekte. Seinen Körper sollte man mindestens so pflegen wie seine Rennmaschine. Nach jedem Training sollte man sich duschen und danach seine Haut leicht einölen (zum Beispiel mit Baby-Öl). Besonders wichtig ist im Radsport die Pflege der Sitzfläche. Sie soll nach jedem Training gründlich gewaschen werden. Das Sitzleder der Rennhose soll stets sauber und weich sein. Es wird vor jeder Ausfahrt mit einer Sitzcreme (nicht mit Puder) bestrichen. Wenn das Sitzleder durch Waschen und Trocknen hart geworden ist, feuchtet man es vor dem Eincremen mit etwas Wasser an, bis es wieder weich ist.

Aus verschiedenen Gründen rasieren sich Radsportler die Beine mit einem Trockenrasierapparat. Die Beine lassen sich so besser und wirkungsvoller massieren.

Massagen sind im Radsport besonders wichtig für Körperpflege und Regeneration. Jeder ernsthaft trainierende Radsportler sollte sich mindestens ein- bis zweimal in der Woche massieren lassen. Wenn das nicht möglich ist, kann man sich die Beine täglich vor und nach dem Training selbst locker massieren. Dazu werden sie leicht eingeölt. Das Einreiben mit

Glattrasierte Radsportbeine

Ölen und Salben, die die Hautdurchblutung steigern, sollte man nicht übertreiben, da der Nutzen nicht so groß ist, wie es aussieht: Die Haut wird zwar besser durchblutet – aber nicht die darunterliegende Muskulatur. Im Gegenteil: Durch die vermehrte Hautdurchblutung wird möglicherweise der Muskulatur Blut entzogen, so daß man gerade das Gegenteil dessen erreicht, was man wollte. Bei Kälte genügt es, die Haut dick mit einem neutralen Öl einzuölen. Bei Hitze kann man ein pfefferminz- oder mentholhaltiges Öl verwenden, um einen kühlenden und erfrischenden Effekt zu erreichen.

Massage, Körperpflege und Entspannung – wichtige Faktoren der Regeneration

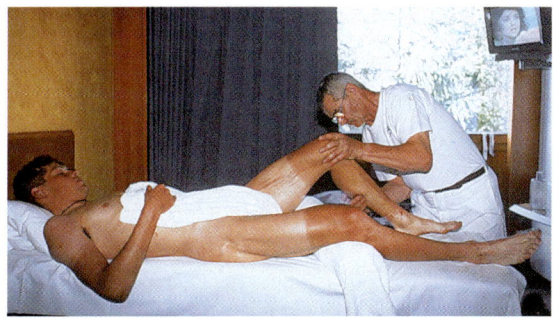

Damit Sport zum Erlebnis wird

HANDBUCH RADSPORT
Geschichte und Entwicklung
Freizeitradsport und Radrennsport
Technik und Training · Ernährung und Medizin
Ausrüstung und Material

WOLFRAM LINDNER
Erfolgreiches Radsporttraining
Vom Amateur zum Profi
BLV

Handbuch Radsport
Das konkurrenzlos kompetente Standard-
werk: fundierte, umfassende Informationen von einem hochkarätigen Autoren-
team zu allen Aspekten des Radsports.

Martin Engelhardt
Erfolgreiches Triathlontraining
Präzise und fundierte Informationen, um
Triathlon mit Spaß und Erfolg ausüben zu
können – von Ausrüstung und Material
über Technik und Training im Schwimmen,
Radfahren und Laufen bis zu Wettkampf,
medizinischen und psychologischen
Aspekten.

Peter Konopka
Radsport
Alle Aspekte des Radsports für Einsteiger
und Fortgeschrittene – eine Fülle von wertvollen Informationen, hilfreichen Tips und
praktischen Anleitungen, die auf das persönliche Leistungsniveau abgestimmt sind.

Hans-Christian Smolik
Rund ums Rennrad
Rennmaschinen selbst reparieren und
pflegen: präzise, leicht nachvollziehbare
Arbeitsanleitungen mit vielen Fotos und
detaillierten Informationen zu Rahmen,
Komponenten und sonstiger Ausstattung.

Wolfram Lindner
Erfolgreiches Radsporttraining
Leistungsdiagnostik, Technik, Taktik,
Ernährung, Physiotherapie, Materialeinsatz
in den verschiedenen Disziplinen, Wettkampf, trainingsmethodische Erkenntnisse
auf neuestem Stand.

Dietmar Kettler
Recht für Radfahrer
Verkehrsregeln, Eignungs- und Aus-
rüstungsvorschriften, Zivilrecht und Straf-
recht für Radfahrer, Steuerfragen, richtiges
Verhalten nach einem Unfall, Versicherun-
gen, Radfahren im Ausland.